aktiv und gesund

Fatburner

Genussvoll in Form

Trautwein Ratgeber-Edition

Bisher sind in dieser Reihe erschienen:

- Ayurveda – Natürlich zu mehr Wohlbefinden
- Bauch, Beine, Po – Bodystyling mit Erfolg
- Heilfasten – Mehr Energie für Körper und Seele
- Kalorien, Nährstoffe, Vitamine – Bewusst essen und genießen
- Laufen – Power Schritt für Schritt
- Sauna, Dampfbad & Co – Wellness für Körper und Geist
- Trennkost – Bewusst ernähren, besser leben
- Yoga – Mehr Entspannung, Energie und Lebensfreude

2004 Trautwein Ratgeber-Edition

Chefredaktion: Evelyn Boos
Redaktion: Angela Schmid
Titelabbildung: Getty Images Deutschland GmbH
Umschlaggestaltung: Axel Ganguin
Typografischer Entwurf: Carsten Abelbeck
Produktion: Wolfram Friedrich
ISBN 3-8174-5518-6
5255182

Mehr Infos im Internet unter www.compactverlag.de

Vorwort

Schlank, gesund und fit – wer träumt nicht davon? Tatsache aber ist, dass fast die Hälfte aller erwachsenen Bundesbürger etliche Pfunde zu viel auf die Waage bringt. Vor allem übergewichtige Frauen haben häufig schon mehrere erfolglose Diätversuche hinter sich, die nicht selten dazu geführt haben, dass ihr Gewicht noch weiter angestiegen ist. Dank dieses Jo-Jo-Effekts, der auch von Ernährungswissenschaftlern bestätigt wird, trauen sich viele Frauen nicht mehr, eine weitere Diät zu beginnen, um nicht womöglich am Ende noch mehr Kilos auf die Waage zu bringen. Spaß am Essen und Lebensfreude bleiben dabei schließlich auf der Strecke.

Abnehmen ohne Stress, ohne Kalorientabelle und ohne Verzicht – ist das möglich? Immer häufiger werden Fatburner in den letzten Jahren als Wundermittel angepriesen. Das Geheimrezept dabei: Fatburner kurbeln die Fettverdauung so wirkungsvoll an, dass der Körper mehr Kalorien verbrennt als bei herkömmlichen Nahrungsmitteln. Auf diese Weise kann man Diätbemühungen gerade bei trägem Stoffwechsel wirkungsvoll unterstützen.

Ganz ohne Ess-Disziplin geht es aber auch mit Fatburnern nicht; mit der Auswahl der richtigen Lebensmittel wird es aber leichter, die Diät durchzuhalten, ohne die Nerven unnötig zu strapazieren. Wer seine Essgewohnheiten langfristig umstellt, braucht vor dem Jo-Jo-Effekt keine Angst zu haben.

In diesem Ratgeber erfahren Sie alles über Nährstoffe, Kaloriengehalt der Nahrung und die wirkungsvollsten Fatburner-Substanzen. Im Rezeptteil können Sie ausprobieren, wie schmackhaft die gesunde und leichte Fatburner-Küche sein kann. Damit schaffen Sie es bestimmt, schlank und fit zu werden und auch zu bleiben!

Gesund und schlank mit Fatburnern

Gesund und schlank mit Fatburnern

1. Was sind und wie wirken Fatburner?

Warum die richtige Nahrungszusammenstellung so wichtig ist

Der menschliche Organismus funktioniert nur, wenn ihm Energie zugeführt wird. Dazu wird unsere Nahrung im Verdauungstrakt aufgeschlossen. Die einzelnen Nährstoffe wie Kohlenhydrate, Fett und Eiweiß werden „verbrannt" und liefern so die nötige Energie für alle Körperfunktionen. Man spricht deshalb auch vom Brennwert von Nahrungsmitteln, der im Allgemeinen in Kalorien oder Joule angegeben wird. Stoffwechselendprodukte, die der Körper nicht verwerten kann, werden über die Lunge (Ausatmung), die Niere und den Darm ausgeschieden.

Nicht alle Lebensmittel liefern dabei dieselben Energiemengen; Fette zum Beispiel versorgen uns mit hoch konzentrierter Energie. Das ist für Menschen, die körperlich hart arbeiten, ein großer Vorteil: auch ohne riesige Nahrungsmengen können sie zu sich nehmen, was ihr Körper täglich braucht.

Wer allerdings – wie die meisten von uns – überwiegend im Sitzen arbeitet, verbraucht sehr viel weniger Energie. Schnell isst man deshalb mehr, als man braucht. Der Körper legt die ungenützten Vorräte in Fettdepots an. Früher, als die Versorgung mit Nahrungsmitteln für unsere Vorfahren noch unsicher war, waren solche Energiedepots überlebensnotwendig. Für moderne Menschen, deren Nahrung gesichert ist, sind die Fettdepots nicht nur unnütz, sondern im wahrsten Sinn des Wortes eine Last – weil sie zu Übergewicht führen.

Den Brennwert von Nahrungsmitteln gibt man in Kilojoule (kJ) an. Häufig findet man allerdings noch die eigentlich veraltete Einheit Kilokalorie (kcal). Für eine grobe Umrechnung kann man von 1 kcal = 4 kJ ausgehen.

Deshalb ist es wichtig, die Nahrung so optimal zusammenzustellen, dass ihr Brennwert unserem Energiebedarf entspricht. Erwachsene sollten so wenig sichtbares Fett zu sich nehmen wie möglich und den größten Teil ihrer Nahrung mit Kohlenhydraten bestreiten; die Versorgung mit den lebensnotwendigen Fetten ist durch „versteckte Fette" in unserer Nahrung meist gesichert. Extrem eiweißreiche Nahrung ist genauso wenig empfehlenswert wie allzu fettreiche Lebensmittel. Entscheidend für die Qualität von Lebensmitteln ist ihre Nährstoffdichte, also das Verhältnis zwischen dem Nährstoff- und dem Energiegehalt (oder Brennwert). Süßigkeiten wie Schokolade oder Kuchen haben zwar z. B. einen hohen Kaloriengehalt, liefern aber wenige lebenswichtige Nährstoffe; Experten sprechen deshalb von „leeren Kalorien", die den Organismus schnell belasten.

Optimale Nährstoffverteilung laut DGE (Deutsche Gesellschaft für Ernährung)

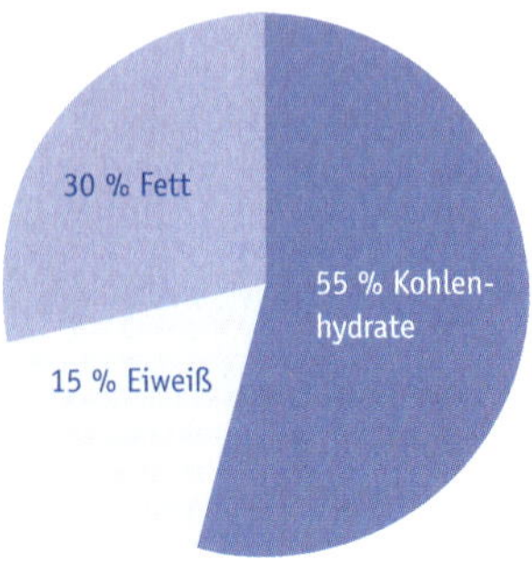

Die Werte gelten für Erwachsene. Kinder und Jugendliche, die sich im Wachstum befinden, brauchen mehr Energie und dürfen etwas mehr Eiweiß und Fett zu Lasten der Kohlenhydrate essen.

Sind Sie ein guter oder schlechter Nahrungsverwerter?

Aus Ihrem Bekanntenkreis kennen auch Sie wahrscheinlich die Extrem-Esser: spindeldürre, hoch aktive Menschen, die scheinbar in sich „hineinschaufeln" können, was sie wollen, ohne zuzunehmen; und andererseits die Dicken, die bei jedem Salatblatt überlegen, ob es nicht zu viele Kalorien hat – und die trotzdem nicht abnehmen.

Heute sind sich auch Ernährungsforscher einig, dass es tatsächlich individuelle Unterschiede bei der inneren Verbrennung der Nahrung gibt. Bei ungefähr einem Fünftel der Dicken, so schätzt man, verläuft der Stoffwechsel tatsächlich langsamer und weniger effizient als bei durchschnittlichen Menschen. Das hat Folgen: diese Personen brauchen langfristig weniger Energie als andere. Im Vergleich zu ihren Mitmenschen dürften sie also eigentlich weniger essen, um ihre Idealfigur zu erreichen und dann zu halten. Pro Tag kann der Kalorienbedarf leicht um 300 bis 400 Kalorien reduziert sein – das entspricht genau dem Stück Kuchen, das sich viele Schlanke ab und zu genüsslich gönnen und das sich Übergewichtige immer zu verkneifen versuchen.

Fatburner kurbeln den trägen Stoffwechsel an

Wie viel oder wie wenig wir täglich verbrennen, hängt von unserem Stoffwechsel ab. Im Zentrum der für unser Gewicht wichtigen Stoffwechselvorgänge steht die Fettverbrennung. Eine Vielzahl von Hormonen und anderen Stoffen sorgt dafür, dass unsere Nahrung optimal ausgewertet wird – unverzichtbare Basis für Wohlbefinden, Kraft und Ausdauer. Mit geschickt ausgewählten Lebensmitteln kann man auch einen trägen Stoffwechsel auf Hochtouren bringen und so dafür sorgen, dass Fettpölsterchen gar nicht erst entstehen. Um bis zu 10 Prozent kann man so die Verbrennungsleistung des Körpers steigern! Im Praxisteil sind alle bewährten Fatburner ausführlich beschrieben.

Stoffwechselbremse Stress

Neueste Forschungen belegen: Stress belastet nicht nur physisch und psychisch, sondern bremst auch die Fettverbrennung. Das hat wahrscheinlich entwicklungsgeschichtliche Gründe: für unsere Vorfahren war es wichtig, in Gefahrensituationen ausreichende Energiereserven zu besitzen.
Ein verzögerter Abbau von Fettsäuren im Blut war die Gewähr für den „langen Atem" bei der Bewältigung von Schwierigkeiten aller Art. Heute ist dieses Relikt aus der Vorzeit nicht mehr sinnvoll und führt indirekt auch zu Übergewicht.

2. Schlank werden, schlank bleiben

Der Kampf mit den Pfunden ist heute allgegenwärtig, schließlich lautet die gängige Formel „schlank = schön = erfolgreich = beliebt" – und dem eifern wir alle nach. Tatsächlich ist es auch gesundheitlich von Vorteil, Übergewicht abzubauen und ein persönliches Idealgewicht zu halten. Gesundheitlich wirklich empfehlenswert ist allerdings nur der gesamte mittlere Gewichtsbereich – und der liegt wesentlich höher, als uns Schönheitsnormen weismachen wollen. Das gängige Ideal des Superschlanken ist unter gesundheitlichen Aspekten nicht erstrebenswert – ganz im Gegenteil. Untergewichtige Models leben ebenso ungesund wie deutlich Übergewichtige; Hormonstörungen, Probleme beim Knochenaufbau und mangelnde Belastbarkeit sind nur einige mögliche Folgen von Untergewicht.

Wer dauerhaft schlank und dabei gesund sein will, muss also auch lernen, auf sein eigenes Urteil zu vertrauen und sich nicht darum kümmern, dass heute das Normalgewicht – zumindest unter optischen Gesichtspunkten – schon als mildes Übergewicht bewertet wird! Ärzte empfehlen allen Nicht-Über- oder Untergewichtigen, einfach ihr individuelles Wohlfühlgewicht zu halten.

Was ist schlank, was ist dünn, was ist übergewichtig?

Zur Ermittlung des idealen Gewichtes gibt es verschiedene Verfahren:

Broca-Index

Normalgewicht =
Körpergröße in cm – 100
Idealgewicht =
Normalgewicht – 10 % bei Männern, – 15 % bei Frauen

Der Broca-Index ist einfach zu berechnen, aber nur für Personen zwischen 160 und 180 cm Körpergröße geeignet.

Body-Mass-Index

BMI =
Körpergewicht in kg : Körpergröße in m^2

Waist-to-hip-ratio (Verhältnis Taillen-Hüftumfang)

Hier wird der Typ der Fettverteilung im Körper bestimmt (Apfel- oder Birnentyp)

WHR =
Taillenumfang : Hüftumfang

Ein Wert unter 0,9 spricht für den Birnentyp, ein Wert über 1,0 für die Apfelform.

Bestimmung des Körperfettanteils

Die individuelle Bestimmung des Anteils von Körperfett am Gewicht sagt mehr über die Gesundheit einer Person aus als das Gewicht allein. Eine stark muskulöse Person z. B. darf erheblich mehr wiegen als ein Sportmuffel, dessen Gewicht viel stärker auf Körperfett als auf Muskelmasse beruht.
Die Normwerte liegen für Männer bei nicht mehr als 23 %, für Frauen bei nicht mehr als 27 % Fettanteil am Körpergewicht.
Der Körperfettanteil ist nicht leicht zu bestimmen. Verfahren wie die Bestimmung der Hautfaltendicke

Sind Sie übergewichtig?
Die Gewichtstabelle der Weltgesundheitsorganisation WHO

Kategorie	*BMI (kg/m²)*	*Broca-Übergewicht (in %)*
Untergewicht	*> 18,5*	*–*
Normalgewicht	*18,5–24,9*	*–*
Übergewicht	*25–29,9*	
Adipositas Grad I	*30–34,9*	*0–20*
Adipositas Grad II	*35–39,9*	*20–70*
Adipositas Grad III	*über 40*	*über 70*

sind relativ ungenau, die manchmal praktizierte Infrarotmessung oder die Messung mit Elektroden und Schwachstrom dagegen genau, aber sehr aufwändig.

Übrigens: Mehr als die Hälfte der Erwachsenen in Deutschland ist übergewichtig. In den letzten Jahren ist auch der Anteil übergewichtiger Kinder gestiegen.

Das Richtige essen – der Energiebedarf des Körpers

An einer Erkenntnis führt kein Weg vorbei: Für unser Gewicht sind wir – bis auf wenige Ausnahmen – selbst verantwortlich. Wenn wir das Richtige essen, das heißt, unserem Körper genau die Nährstoffe zuführen, die er braucht, wird sich automatisch auch ein gesundes Gewicht einpendeln. Essen wir zu wenig, führt das zu gefährlichem Untergewicht. Essen wir zu viel, werden wir übergewichtig – und auch das ist alles andere als gesund. Wichtigste Richtgröße beim Kampf um die richtige Nahrungszusammenstellung und damit auch das richtige Gewicht ist der Energiebedarf unseres Körpers, der dem Brennwert unserer Nahrung möglichst genau entsprechen sollte.

Der tägliche Energiebedarf eines Erwachsenen liegt je nach Geschlecht, Alter und Körpergröße meist zwischen 8 400 und 10 000 kJ (bzw. 2 000 bis 2 400 kcal). Jugendliche haben im Allgemeinen einen höheren Energiebedarf, ältere Menschen bleiben mit einer geringeren Energieversorgung gesünder.

Ernährungsexperten wissen, dass es sinnvoll ist, wenn 25 % der Nahrungsenergie auf das Frühstück entfallen, wenn man zwei Zwischenmahlzeiten zu je 10 % einplant, das Mittagessen etwa 30 % und das Abendessen die restlichen 25 % der Energie bringt. Die Zahl der Mahlzeiten sehen Ernährungswissenschaftler heute übrigens flexibel; während es früher hieß, fünf kleinere Mahlzeiten seien das Optimum, gelten heute auch die drei großen Mahlzeiten wieder als erlaubt. Die entscheidende Erkenntnis für alle, die schlank werden und bleiben wollen, ist also: achten Sie auf die Bedürfnisse Ihres Körpers. Der individuelle tägliche Energiebedarf eines Menschen setzt sich zusammen aus dem Grundumsatz und dem Leistungsumsatz. Der Grundumsatz ist die Energiemenge, die ein Mensch im Zustand der Untätigkeit verbraucht, um alle Körperfunktionen aufrechtzuerhalten – wenn er also z. B. krank im Bett liegt. Der Leistungsumsatz entspricht der Energiemenge, die ein Mensch für alle seine tagtäglichen Tätigkeiten braucht und ist deshalb je nach Beruf, Lebensalter und Gewohnheiten extrem unterschiedlich.

Ein Beispiel: Ein 70 kg schwerer Mann, dessen berufliche Tätigkeit überwiegend sitzend ausgeübt wird, hat ungefähr folgenden Bedarf:

Grundumsatz:
Normalgewicht in kg x 24 Stunden
1 680 kcal

Leistungsumsatz:
1/3 des Grundumsatzes
560 kcal

Energiebedarf: 2 240 kcal

Der Mann aus unserem Beispiel wird sein Gewicht nur dann langfristig halten können, wenn die mit der Nahrung aufgenommene Energiemenge und der tägliche Energieverbrauch sich die Waage halten. Um sinnvoll Gewicht zu reduzieren, müsste er seinen Energiebedarf langfristig um mindestens 1/3 pro Tag unterschreiten. Allerdings wird heute empfohlen, nicht nur den Brennwert der Nahrung auszurechnen, sondern auch zu unterscheiden, ob man Fett-, Eiweiß- oder Kohlenhydrat-Kalorien zu sich nimmt. Auch für Diäten gilt übrigens die Regel, dass die Grundnährstoffe Kohlenhydrate, Eiweiß und Fett in ausgewogenem Verhältnis verzehrt werden sollten; einseitige „Wunderdiäten" sind ungesund und führen langfristig nicht zum Erfolg.

Risiko Diät: Woher kommt der Jo-Jo-Effekt?

Die meisten Übergewichtigen, so wissen Ernährungswissenschaftler, haben einen oder gar viele nutzlose Diätversuche hinter sich. Warum gelingt es nur Wenigen, dauerhaft abzunehmen? Und warum wiegen

viele Dicke nach ihrer Diät oft mehr als vorher? Um dieses Paradox zu verstehen, muss man wissen, was im Körper beim Abnehmen eigentlich geschieht.
Bei jeder Diät baut der menschliche Organismus zuerst Wasser und Muskelgewebe ab; man fühlt sich deshalb rasch leichter und wiegt auch weniger, aber die Fettdepots sind noch da. Die Fettreserven werden beim Abnehmen nämlich erst langfristig angegriffen. Eine kurzfristige Diät – auch wenn sie mit erheblichem Gewichtsverlust einhergeht – erhöht deshalb paradoxerweise erst einmal den Körperfettanteil einer Person – man wird, objektiv betrachtet, also dicker! So kommt es zum gefürchteten Jo-Jo-Effekt: kurz nach einer Diät wird das ursprüngliche Gewicht gerade bei stark Übergewichtigen sogar überschritten. Gegen dieses gefürchtete Phänomen hilft nur eine langfristige Ernährungsumstellung, die durch regelmäßigen Sport unterstützt werden sollte.

3. Die besten Profi-Tipps zum gesunden Abnehmen

Dicksein wird gelernt – das ist die vielleicht wichtigste Erkenntnis für alle, die ernsthaft und langfristig abnehmen wollen. Die Weltgesundheitsorganisation stuft Übergewicht in den Industrienationen als den am weitesten verbreiteten und eigentlich leicht vermeidbaren Risikofaktor für die Gesundheit ein. Man befürchtet, dass die Zahl der Dicken noch weiter steigen wird; Hochrechnungen zufolge könnte im Jahr 2040 bereits jeder zweite Erwachsene krankhaft übergewichtig, also fettsüchtig, sein. Die meisten erwachsenen Übergewichtigen haben sich schon als Kinder an falsches Essen – zu viel, zu süß und zu fett – gewöhnt. Sehr häufig wurden auch in ihrer Kindheit und Jugend Süßigkeiten als Trost oder Belohnung eingesetzt – Essen wird so auch zu einem psychischen Suchtmittel. Gesundes, langfristiges Abnehmen setzt also voraus, dass man solche Teufelskreise zu durchbrechen lernt.
Mit einer Kombination aus der richtigen psychischen Einstellung, dem Know-how aus der Ernährungsforschung zur optimalen Gewichtsreduktion – bei der Fatburner eine wichtige Rolle spielen können – regelmäßigem Sport und

viel Disziplin kann jeder es schaffen.

Regeln zum gezielten Abnehmen

1. Abnehmen beginnt im Kopf

Wenn Sie dauerhaft Gewicht verlieren wollen, klappt das am besten mit der richtigen inneren Einstellung. Setzen Sie sich konkrete Ziele, aber bleiben Sie realistisch. Der Vorsatz: „Ich will meine Ernährung langfristig umstellen und auf Dauer schlank werden" lässt sich leichter realisieren als der Wunsch, innerhalb von wenigen Wochen etwa 10 kg abzuspecken. Verzichten Sie darauf, einen zu engen Zeitplan aufzustellen – das setzt Sie unnötig unter Druck. Außerdem arbeiten Sie nicht auf einen Termin hin, sondern auf eine neue, schlanke Lebensphase, die von Dauer sein soll. Bleiben Sie außerdem realistisch: keine Wunderdiät der Welt kann Ihnen helfen, gezielt ausschließlich an bestimmten Körperpartien abzunehmen. Wenn Sie etwa die Veranlagung zu so genanntem „Reiterhosenspeck" haben, wird diese Körperform auch nach einer Diät erhalten bleiben. Lernen Sie also lieber, sich selbst zu mögen!

2. Verbieten Sie sich nichts

Ihre Vorliebe für Süßes hat Ihnen eine ganze Menge unnötiger Pfunde eingebracht? Natürlich müssen Sie Ihren Konsum solcher Dickmacher drastisch einschränken, um schlank zu werden. Aber einen Vorsatz wie „Nie wieder Schokolade" werden Sie auf Dauer – also jahre- oder jahrzehntelang – vielleicht nicht durchhalten. Besser ist, Sie erlauben sich (möglichst erst nach einigen Wochen oder Monaten Diät) ab und zu eine kleine Sünde – aber die sollte wirklich klein sein!

Also nicht eine ganze Tafel Schokolade essen, auch keine halbe und keinen Riegel – ein einziges Stück Schokolade schmeckt genauso aromatisch und tröstet die Seele dauerhaft, weil Sie keine Schuldgefühle wegen gebrochener Diätvorsätze zu haben brauchen.

3. Stellen Sie Ihren ganzen Tagesablauf aufs Abnehmen ein

Kaum zu glauben, aber wahr: mit ein wenig Geschick kann sogar Ihre Tagesplanung zugunsten Ihrer Diät wirken. Das beginnt schon nach dem Aufwachen. Sorgen Sie mit ganz viel Licht für einen guten Start in den Tag – gerade in der dunklen Jahreszeit. Der Lichteinfall auf die Netzhaut stimuliert eine Gehirnregion, die für den Stoffwechsel verantwortlich ist. Manche investieren in ausgeklügelte Wecksysteme, die mit Licht arbeiten – da kommt man schnell auf Hochtouren.

Drehen Sie tagsüber die Heizung nie voll auf – schließlich kann auch Ihr Körper die Wärme produzieren, die Sie brauchen. Und er verbrennt dabei noch Extra-Kalorien.

Wussten Sie, dass die besten Fatburner buchstäblich über Nacht wirken? Wachstumshormone sorgen, während Sie schlafen, für eine starke Fettverbrennung im Körper. Werden Sie also zum Langschläfer auf Zeit.

4. Nutzen Sie neben regelmäßigem Sport die kleinen Möglichkeiten, Ihren Stoffwechsel auf Trab zu bringen

Omas Liegestützen nach dem Aufstehen am offenen Fenster waren gar nicht so verkehrt, denn sie belasten den ganzen Körper gleichmäßig und bringen den Stoffwechsel schon vor dem Frühstück in Schwung. Einige Kniebeugen erfüllen den gleichen Zweck. Aufzüge sollten für alle, die abnehmen wollen, tabu sein. Treppensteigen ist auch ideal, wenn man den Kreislauf in Schwung bringen will; das schafft gute Laune und man ist besser motiviert, die Diät durchzuhalten – ein gesunder, förderlicher Regelkreis entsteht.

Verzichten Sie, wenn es nicht unbedingt sein muss, darauf, mit dem Auto zur Arbeit zu fahren. Gehen Sie zu Fuß oder nehmen Sie das Fahrrad. Machen Sie in der Mittagspause einen Spaziergang!

5. Lassen Sie sich nicht stressen

Dauerhafte psychische Belastungen machen nicht nur krank, sie bremsen auch die Fettverbrennung und veranlassen den Körper zusätzlich, Fettdepots anzulegen. Zum Abnehmen lohnt es sich also auch, einen Entspannungskurs zu buchen oder privat mal so richtig und bewusst auszuspannen.

6. Sport macht Spaß

Regelmäßige Bewegung hilft aus mehreren Gründen beim Schlankwerden und Schlankbleiben. Den größten Anteil daran haben die Kalorien, die man verbraucht, wenn man sich so richtig abstrampelt. Nach jedem Training gibt es nämlich noch einen so genannten Nachbrenneffekt – der Stoffwechsel läuft auf Hochtouren und verbraucht weitere Kalorien. Trainiert man über einen längeren Zeitraum hin regelmäßig, wirkt dieser Nachbrenneffekt immer länger – bei durchtrainierten Personen bis zu ganzen 24 Stunden lang! Wer regelmäßig Sport treibt, baut Muskelmasse auf und Fettmasse ab. Um die größere Muskelmasse zu erhalten, braucht der Körper mehr Energie als ohne Muskelmasse – der Grundumsatz wird erhöht, man darf mehr Kalorien zu sich nehmen, ohne zuzunehmen. Auch die positiven psychischen Auswirkungen von regelmäßigem Sport sollte man nicht unterschätzen: Bewegung wirkt stimmungsaufhellend und kann die Motivation verbessern – ein weiterer positiver Regelkreis kommt in Gang, der die Diät-Bemühungen unterstützt.

7. Nehmen Sie sich Zeit fürs Essen und genießen Sie jeden Bissen

Regelmäßige Mahlzeiten sind gerade für Diätwillige wichtig, denn Hungern lässt den Blutzuckerspiegel stark abfallen. Das macht so hungrig, dass man sich oft nicht mehr beherrschen kann und mehr isst, als man wollte.
Also: Kleine, geplante Mahlzeiten essen und jeden Bissen sorgfältig kauen. Denken Sie daran: der Sättigungseffekt stellt sich erst etwa zehn Minuten nach der Mahlzeit ein, bei Übergewichtigen kann es sogar noch länger dauern. Lassen Sie sich dadurch nicht zum mehr Essen verführen!

8. Denken Sie daran: Ein voller Bauch studiert nicht gern

Aber auch die Lebensfreude bleibt eher weg, wenn man sich zu voll isst. Daher sind leichte Speisen wie z. B. Sushi & Co gut geeignet, wenn sie schöne Stunden planen. Auch bei Frust sollten Sie sich nicht mit Torte oder Pralinen trösten, sondern lieber mit einem guten Buch, einer CD oder Ähnlichem.

9. Gehen Sie niemals hungrig einkaufen

Alles, was Sie im Supermarkt in den Einkaufswagen legen, wird irgendwann in Ihrem Magen landen – denken Sie daran. Legen Sie keine unnötigen Lebensmittelvorräte an, Sie sind ein Mensch und kein Hamster!

10. Beziehen Sie Ihr Umfeld in die Diät ein

Sagen Sie Ihren Lieben ganz offen, wie ernst es Ihnen mit dem Abnehmen ist. Bitten Sie Kollegen, Freunde und Verwandte, Sie nicht mit Leckereien in Versuchung zu führen, sondern Ihre Bemühungen zu unterstützen.

Fettarm genießen

Fettarm genießen – Lebensmittel, die satt und schlank machen

1. Die wichtigsten Fatburner von A bis Z und ihre Wirkung

Wer zuerst wirkungsvoll abnehmen möchte und danach das mühsam erarbeitete Gewicht erhalten will, muss mit einer Illusion Schluss machen: auch die besten Fatburner können eine vernünftige Ernährung nur unterstützen, aber nicht ersetzen. Wer täglich zusätzlich zu den Mahlzeiten ein Stück Buttercremetorte verzehrt, wird auf Dauer zunehmen.

Auch reines Kalorienzählen bringt nicht für alle Stoffwechseltypen den vollen Erfolg. In der modernen Ernährungsberatung verlegt man sich deshalb immer stärker darauf, nicht nur den absoluten Brennwert von Lebensmitteln zu bewerten, sondern zusätzlich den Fettkalorienanteil der Nahrung zu berücksichtigen. Die drei großen Nahrungskomponenten Kohlenhydrate, Eiweiß und Fett unterscheiden sich nämlich nicht nur im Kaloriengehalt pro Gewichtseinheit, sondern auch in den Sättigungseigenschaften und im Ballaststoffgehalt. Außerdem unterscheiden sie sich im Energieverbrauch während des Stoffwechselprozesses und in der Umwandelbarkeit in Fettdepots.

So genannte „Low Fat"-Ernärungsprogramme schlagen vor, den Fettanteil der täglichen Nahrung möglichst bei maximal 30 Prozent zu halten. Hält man dies durch, nimmt man langsam, aber stetig und nachhaltig ab und hat auch später keine Probleme, das Idealgewicht zu halten.

Die wichtigsten Nahrungsbausteine und ihre Eigenschaften

Eigenschaft	Kohlenhydrate	Eiweiß	Fett
Brennwert pro g	*etwa 4 kcal*	*etwa 4 kcal*	*etwa 9 kcal*
Nahrungsvolumen	*groß*	*mittel*	*gering*
Sättigung	*groß*	*mittel*	*gering*
Ballaststoff-anteil	*hoch*	*gering*	*gering*

Essen und dabei schlank bleiben oder schlank werden – das dürfte einer der größten Träume der meisten Menschen in den Industrieländern sein. Denn die Lust am Genießen schlägt sich allzu häufig in überflüssigen Pfunden nieder; fast die Hälfte der Erwachsenen hier zu Lande bringen zu viel auf die Waage, und auch bei Kindern ist eine steigende Gewichtstendenz zu beklagen. Um aber nur ein Kilogramm überflüssigen Körperfetts abzubauen, muss man 7 000 Kalorien einsparen oder durch Sport oder andere körperliche Tätigkeit verbrennen.

Deshalb sind Nahrungsmittel, die den Energieumsatz des menschlichen Organismus' ankurbeln und so dafür sorgen, dass Fette aus der Nahrung nicht in unnützen Fettdepots angelegt werden, seit einigen Jahren verstärkt im Gespräch. Hier lernen Sie die wichtigsten Substanzen sowie ihre Vorzüge und eventuelle Gefahrenmomente kennen.

Im Rezeptteil erfahren Sie dann, wie Sie fatburnergerecht kochen können. Das Wichtigste ist aber auch wenn Sie mit Fatburnern Ihren Kampf um die Pfunde wirkungsvoll unterstützen, die langfristige Umstellung Ihrer Ernährung! Im Rezeptteil sind die besten Tricks zusammengestellt, wie Sie sich kalorienbewusst und trotzdem genussvoll ernähren können.

Adrenokortikotropin

Dieser wichtige Fatburner – ein Hormon – wird vom Körper selbst in der Hirnanhangdrüse gebildet und sorgt unter anderem dafür, dass Fett aus den körpereigenen Depots zur Verbrennung bereitgestellt wird. Um allerdings ausreichend Adrenokortikotropin, kurz ACTH genannt, bilden zu können, braucht unser Körper viel hochwertiges Eiweiß und Vitamin C. Bei Unterversorgung mit diesen wichtigen Nährstoffen sinkt auch der ACTH-Spiegel im Blut, und die für eine schlanke Figur so wichtige Fettverbrennung wird gedrosselt.

Bitterstoffe

Die verdauungsfördernde Wirkung der Bitterstoffe ist schon seit Jahrhunderten bekannt, schließlich enthalten viele Magenbitter und Kräuterliköre diese nützlichen Substanzen. Bitterstoffe sind zum Beispiel in Gemüsen wie Artischocke und Chicoree, aber auch in Kräutern wie Löwenzahn, Wermut oder Tausendgüldenkraut und in einigen Aperitifs wie Campari, Cynar oder Aperol enthalten. Sie helfen tatsächlich, die Gallenproduktion und den Gallefluss anzuregen und tragen so zu einer reibungslosen Fettverdauung bei. Die Fettverbrennung oder gar den Abbau von Fettdepots regen sie allerdings nicht an.

L-Carnitin

L-Carnitin ist die wohl bekannteste Fatburner-Substanz und wird häufig von Leistungssportlern eingesetzt, weil sie als körpereigenes Eiweiß nicht als Dopingmittel gilt, die Leistungsfähigkeit aber dennoch sehr effektiv steigert. Darüber hinaus soll Carnitin die Funktion des Herzens und die Immunabwehr stärken. Auch vor erhöhten Cholesterinwerten soll das Eiweiß schützen. Das L-Carnitin ist ein so genannter Biocarrier und sorgt für den Transport von langkettigen Fettsäuren in die Mitochondrien, die Fettverbrennungsstationen der Zellen. Der menschliche Körper kann L-Carnitin mit Hilfe von Vitamin C, Vitamin B6 und Folsäure aus den beiden Aminosäuren Lysin und Methionin selbst bilden – allerdings nur in sehr kleinen Mengen. Bei körperlicher Belastung durch schwere Arbeit oder Sport, bei Stress oder unausgewogener Ernährung kann es zu einer Minderversorgung kommen. L-Carnitin ist hauptsächlich in rotem Fleisch (zum Beispiel in Lammfleisch) und Milchprodukten enthalten, in pflanzlichen Nahrungsmitteln kommt es so gut wie gar nicht vor. Deshalb lässt sich bei Vegetariern häufig ein sehr niedriger L-Carnitin-Spiegel feststellen, der durch entsprechende Nahrungsergänzungsmittel ausgeglichen werden kann. Im Zusammenhang mit Ausdauersport scheint eine gesteigerte Fettverbrennung bei L-Carnitin-Gaben heute gesichert; bei niedriger Dosierung sind heute bei kurzfristiger Anwendung keine Nebenwirkungen bekannt. Falls Sie L-Carnitin längerfristig anwenden möchten, sollten Sie zur Sicherheit Ihren Arzt befragen.

Cholin

Das Lipoid Cholin kann vom Körper selbst gebildet werden, ist aber auch in Sojalezithin, in Fleisch, Leber und Eigelb enthalten. Cholin trägt zum Fettstoffwechsel bei und beugt Fettablagerungen in der Leber und in den Gefäßen vor. Ob es direkt am Fettabbau in den Zellen beteiligt ist, ist umstritten. Die gesundheitsfördernde Wirkung von Cholin dagegen ist erwiesen.

Chrom

Fitnessfans erhoffen sich von dem Spurenelement eine erhöhte Stoffwechselaktivität in der Muskulatur und damit verbunden eine erhöhte Fettverbrennung. Chrom ist zwar am Fettstoffwechsel des Körpers beteiligt, ein Effekt von Chromgaben auf den Fettabbau allerdings ist nicht erwiesen. Da die Wirkung von Chrom, das bei Einnahme zu hoher Dosen giftig ist, noch nicht ausreichend erforscht ist, sollte man extrem vorsichtig sein.

Enzyme

Schlank mit den Enzymen von Papaya (Papain), Kiwi (Actinidin), Feige (Ficin) und Ananas (Bromelain) – diese Zauberformel ist ein Dauerbrenner bei vielen Diätwilligen. Mit ihrem Aroma schmecken die tropischen Früchte auch wirklich leicht und lecker. Auf die Fettverdauung, die Fettverbrennung und den Abbau von Fettdepots in Form überflüssiger Pölsterchen allerdings haben die in den köstlichen Vitaminbomben enthaltenen Enzyme leider keinen Einfluss. Einzelne Diättage mit dem gesunden Obst allerdings sind trotzdem sinnvoll – sie entschlacken bei optimaler Versorgung mit Vitaminen und wenig Kalorien bei tollem Geschmack und halten die Fastenden so bei Laune.

Jod

Auch heute noch sind viele Menschen nur unzureichend mit diesem wichtigen Spurenelement versorgt. Hauptlieferanten von Jod sind Milch sowie sämtliche Milchprodukte, Seefische und Meerestiere – zwei- bis dreimal pro Woche sollte man sich deshalb möglichst ein leckeres Fischgericht gönnen. Die Verwendung von Jodsalz wird allgemein empfohlen, um die Versorgung sicherzustellen. Die Schilddrüse braucht Jod, um die Hormone Trijodthyronin und Thyroxin zu bilden, die maßgeblich am Stoffwechsel des menschlichen Organismus beteiligt sind. Wenn man Präparate mit diesen Schilddrüsenhormonen einnimmt, kommt der Stoffwechsel tatsächlich schnell auf Trab und man nimmt rasch ab. Dieser scheinbare Erfolg aber hat einen hohen Preis: eine künstlich erzeugte Überfunktion der Schilddrüse führt vor allem zum Muskel- und nicht zum Fettabbau, sie kann zu Herzrhythmusstörungen, Schweißausbrüchen und Schlafstörungen führen. Da thyroxinhaltige

Medikamente rezeptpflichtig sind, kommt ein Missbrauch zum Glück meist nicht in Frage. Allerdings gibt es frei verkäufliche Nahrungsmittelzusätze aus Blasentang, die vor allem für Menschen mit einer nicht erkannten Überfunktion der Schilddrüse wirklich gefährlich werden können.
Deshalb: Präparate, die die Bildung von Schilddrüsenhormonen anregen oder diese äußerst wirkungsvollen Hormone selbst enthalten, sollte man grundsätzlich nie ohne Befragen des Arztes einnehmen. Besser ist es, eine ausreichende Jodversorgung sicherzustellen und dem Organismus so zu ermöglichen, die stoffwechselfördernde Funktion dieses wichtigen Spurenelementes auf natürliche, gesunde Weise auszunutzen.

Koffein

Kaffee oder koffeinhaltige Softdrinks als schnellen Kick bei Ermüdungserscheinungen nutzen die meisten von uns gern einmal. Koffein stimuliert tatsächlich das Zentralnervensystem, macht wach und aufmerksam und regt den Abbau von Körperfett zu freien Fettsäuren an. Abnehmen wird man dadurch nicht, denn die nun frei verfügbaren Fettsäuren müssen erst einmal vom Körper verbrannt werden – und das ist ohne körperliche Betätigung nicht möglich. Wer allerdings morgens auf nüchternen Magen Kaffee trinkt und sich dann beim Sport so richtig auspowert, darf auf eine fettverbrennende Wirkung hoffen – wenn der Magen mitmacht und wenn er auf den Zucker im Kaffee verzichtet. Denn der hemmt den erstrebten Fettabbau.

Linolsäure

Die so genannte konjugierte Linolsäure CLA spielt eine wichtige Rolle bei der Fettverdauung und soll außerdem dafür sorgen, dass sich weniger Fett in den Fettzellen anreichert. Darüber hinaus soll sie den Cholesterinspiegel im Blut senken und damit Herz und Kreislauf entlasten. Erste Versuche mit CLA-Gaben sind positiv verlaufen, allerdings raten Experten dennoch zur Vorsicht. Die Substanz, die in

Milch und Fleisch enthalten ist, steht nämlich im Verdacht, in höherer Dosierung krebserzeugend zu sein.

Magnesium

Magnesium gilt als der Alleskönner unter den Mineralstoffen, denn es aktiviert nicht weniger als 300 verschiedene Enzyme und ist damit für den menschlichen Stoffwechsel unentbehrlich. Trotzdem spricht nichts dafür, dass Magnesiumgaben die Fettverbrennung verstärken. Allerdings verbessern sie das Zusammenspiel zwischen Muskeln und Nerven und helfen so dabei, den Körper beim Sport so richtig auszupowern. Und dabei nimmt man auf Dauer garantiert ab. Gerade Sportler brauchen viel Magnesium und sollten die Versorgung eventuell auch mit Tabletten sicherstellen. Magnesium kommt unter anderem in Blattsalaten, Gemüse, Mineralwasser, Sojabohnen, Naturreis und allen Vollkornprodukten vor.

MCT-Fette

Fettsäuren sind Hauptbestandteile der Fette. Mittelkettige Fettsäuren werden mit MCT abgekürzt (vom englischen Middle Chained Tricglycerid) und haben in letzter Zeit eine gewisse diätetische Bedeutung erlangt. Ihr Stoffwechsel unterscheidet sich von anderen Fetten dadurch, dass sie ohne die sonst notwendige Galle rasch gespalten werden können und im Organismus nicht gespeichert werden. MCT-Fette wurden deshalb bei Patienten mit gestörter Fettverdauung eingesetzt. Dann stellte man fest, dass sie angeblich besser sättigen als herkömmliche Fette und zudem den Energieumsatz um bis zu zehn Prozent steigern sollen; dieser Effekt wäre durch eine erhöhte Wärmebildung durchaus zu erklären. Langzeiterfahrungen mit MCT-Fetten gibt es allerdings noch nicht, so dass sich auch über die Gefahr möglicher Nebenwirkungen nichts sagen lässt. Ernährungswissenschaftler kritisieren besonders, dass die Ernährungsgewohnheiten beim Verzehr von MCT-Fetten nicht umgestellt werden müssen. Wer MCT-Fette ausprobieren will, sollte vor allem anfangs sparsam dosieren, sonst bekommt man Verdauungsprobleme wie z. B. Durchfall.

Methionin

Methionin ist eine Aminosäure, die der Körper für die Produktion des Stresshormons Adrenalin braucht. Adrenalin wird in der Nebenniere gebildet und sorgt einerseits für die Aktivierung des gesamten Körpers in Gefahren und Stress-Situationen, andererseits auch für den

Fettabbau. In Kombination mit Cholin, Vitamin B6 und Folsäure soll der schwefelhaltige Eiweißbaustein Methionin als Fatburner wirken. Soja, Jogurt, Eigelb und Fisch enthalten reichlich von dieser Aminosäure.

Nachtkerzenöl

Das Nachtkerzenöl wird aus dem Samen der zweijährigen Nachtkerze, botanisch „Oenothera biennis", durch Kaltpressung gewonnen. Es enthält die beiden Fettsäuren Linolsäure und Gamma-Linolensäure in hoher Konzentration. Normalerweise kann der Organismus Linolsäure selbst zu Gamma-Linolensäure umbilden; bei Allergikern ist dieser Stoffwechselprozess allerdings meist gestört, so dass sie Gamma-Linolensäure mit der Nahrung zu sich nehmen müssen. Gamma-Linolensäure scheint den Fettstoffwechsel tatsächlich anzukurbeln, jedenfalls haben Tests ergeben, dass diese Substanz tatsächlich die Pfunde schmelzen lässt. Falsche Ernährung, Alkohol, Rauchen oder psychische Belastung können einen Mangel an Gamma-Linolensäure verursachen, der oft zu Stoffwechselstörungen führt, die wiederum Allergien oder trockene und schuppige Haut verursachen. Nachtkerzenöl gibt es in Form von Kapseln oder als Öl zu kaufen. Man nimmt es täglich als Ergänzung zur gewohnten Nahrung.

Pyruvat

Die Brenztraubensäure ist ein körpereigenes Stoffwechselprodukt aus dem Zuckerabbau, das im Energiestoffwechsel eine zentrale Rolle spielt. In Spuren ist es z. B. auch in Äpfeln enthalten. Erste Studien sprechen dafür, dass Pyruvat tatsächlich den Abbau von Fett fördert und eine Gewichtsreduktion bewirkt, dabei aber den gefürchteten Muskelschwund bei Diäten verhindert. Pyruvat scheint zu einer vermehrten Wärmeproduktion zu führen und die Fettverbrennung anzuregen. Langzeiterfahrungen bei zusätzlichen Pyruvatgaben gibt es aber noch nicht, deshalb ist grundsätzlich noch Vorsicht geboten. Experten glauben allerdings, dass Pyruvat künftig als Unterstützung für spezielle Fatburning-Trainings interessant werden könnte.

Somatotropin

Mit dem Slogan „Schlafen Sie sich schlank" versuchen Fitnessexperten unsere Neugier zu wecken. Und tatsächlich: das Wachstumshormon Somatotropin, das in der Hirnanhangdrüse gebildet wird, steuert während des Schlafes die Erneuerung von Körpergewebe. Dass dabei jede Menge Energie gebraucht wird, liegt auf der Hand. Der Stoffwechsel läuft auf Hochtouren und im besten Fall purzeln die Pfunde wie im Traum. Voraussetzung ist allerdings, dass der Körper auch wirklich genug Somatotropin aufbaut. Das ist nur gewährleistet, wenn ausreichend hochwertiges Eiweiß, Vitamin C, Vitamin B6, Zink und Mangan zur Verfügung stehen; nimmt man zu wenig Eiweiß zu sich, wird die Somatotropinausschüttung gedrosselt und der Fatburner-Effekt des Wachstumshormons verkehrt sich in sein Gegenteil – dann speichern die Fettzellen nachts das Fett, statt es abzugeben. Um die Somatotropinproduktion anzukurbeln, sollte man einige Tricks einsetzen: Je früher man zu Abend isst, desto besser. Frische Luft und ein kühles Schlafzimmer helfen ebenfalls, die Hormonausschüttung zu aktivieren.

Taurin

Die Energy-Drinks der Techno-Generation haben auch eine schwefelhaltige Säure allgemein bekannt gemacht: das Taurin. Es soll den Energieumsatz im Körper ankurbeln – das ist bis jetzt allerdings nicht bewiesen. Sicherer ist, dass Taurin zusammen mit dem Gallenfluss die Fettverdauung unterstützt. Ob es dabei auch die Fettverbrennung und den Fettabbau im Körper fördert, ist noch unklar. Taurin – das der Körper auch selbst herstellen kann – soll auch auf die Herzarbeit in Belastungssituationen förderlich wirken.

Vitamin C

Professionelle Bodybuilder schwören darauf – Zitronensaft, pur getrunken, bringt auch die letzten, diät- und trainingsresistenten Fettpolster zum Schmelzen.

Ernährungswissenschaftler sind da skeptisch – auch mit dem Wundermittel Vitamin C bleibt Abnehmen harte Arbeit. Allerdings soll das Vitamin fettfressende Hormone auf ihrem Weg durch die Blutbahn vor freien Radikalen und anderen Angreifern schützen. Weil der Körper Vitamin C kaum speichern kann, sollte man es dosiert über den Tag verteilt zu sich nehmen.

Der Bedarf an Vitamin C liegt laut DGE (Deutsche Gesellschaft für Ernährung) bei 100 mg pro Tag.

2. Fatburner-Lebensmittel von A bis Z

Algen

Unter dem Motto „Gesundheit aus dem Meer“ sind Algen seit einigen Jahren ein großes Thema auch bei Schlankheitsdiäten. Die Meerespflanzen enthalten reichlich Vitamine, Mineralien und Spurenelemente. Vor allem ihr hoher Jodanteil macht sie zu Fatburnern.

Ananas

Mineralstoffe wie Kalium, Magnesium und Eisen regen den Fettstoffwechsel an, das Enzym Bromelain spaltet Eiweiß in die überaus wichtigen Aminosäuren, die unter anderem auch den Fettstoffwechsel regulieren – Ananas ist daher ein sehr effektiver Fatburner. Einen Nachteil allerdings hat die Exotin – sie lässt den Blutzuckerspiegel rasch anschwellen, also lieber maßvoll genießen.

Apfel

Kaum ein anderes Obst ist so fürs gesunde Abnehmen geeignet wie der Apfel, denn er hält den Blutzuckerspiegel stabil und hilft so dabei, eine Diät durchzuhalten. Der hohe Pektingehalt wirkt positiv auf den Fettstoffwechsel, Vitamin C, Kalium und Magnesium machen fit. Wer täglich zwei Äpfel verzehrt, stärkt sein Immunsystem und senkt den Cholesterinspiegel.

Apfelessig

Täglich ein- bis zwei Gläser Wasser mit je einem Esslöffel hochwertigen Apfelessigs fördern nicht nur die Verdauung und das Wohlbefinden, sondern bringen auch den Stoffwechsel so richtig in Schwung. Apfelessig hilft auch, Hungergefühle klein zu halten – das hilft beim Abnehmen und Schlankbleiben.

Aprikosen

Die leckeren Früchte haben einen besonders hohen Gehalt an Karotinoiden, Pflanzenfarbstoffen, die die gefährlichen freien Radikale im Körper unschädlich machen und so Herz, Gefäßsystem und Hirn vor Verkalkung schützen. Pantothensäure, Kieselsäure, Eisen und Kalium sind weitere Fit- und Schönmacher, die reichlich in den aromatischen Früchten enthalten sind.

Artischocken

Die wohl schmeckenden Bitterstoffe der Artischocke regen die Verdauung an, wirken harntreibend und helfen, den Cholesterinspiegel im Blut niedrig zu halten. Außerdem bringen sie Fettpölsterchen zum Schmelzen und regen den Leberstoffwechsel an. Grundsätzlich ist es deshalb sinnvoll, das kalorienarme Gemüse regelmäßig zu verzehren; die Tücke liegt allerdings in der Zubereitung – ein oder zwei Löffel Öl zu viel machen aus dem Schlankmacher eine Kalorienbombe!

Avocado

Die fetthaltigste Frucht, die wir kennen, sollte auf keinem Speiseplan fehlen. Denn der Kaloriengehalt von Avocados ist zwar enorm, dafür sind die Exoten aber auch wahre Nährstoffbomben. Avocados liefern nicht nur wertvolle ungesättigte Fettsäuren und hochwertiges pflanzliches Eiweiß, sondern auch Vitamin E und zahlreiche Vitamine der B-Gruppe sowie ein spezielles Kohlenhydrat, das den Blutzuckerspiegel senkt und so den Heißhunger dämpft.

Birnen

Die gesundheitsfördernde Wirkung dieser aromatischen heimischen Frucht sollte man nicht unterschätzen. Birnen regen die Verdauung an und entschlacken deshalb besonders wirkungsvoll. Das reichlich enthaltene Bor hebt den Testosteronspiegel im Blut – das gibt auch Frauen zusätzliche Power.

Brot

Brot und Brötchen müssen entgegen dem gängigen Vorurteil keine Diätkiller sein – vorausgesetzt, man verwendet Vollkornprodukte. Alles, was aus Weißmehl gebacken ist, widerspricht den Schlankheitsregeln – weil Weißbrot und Weißmehlbrötchen nicht richtig satt machen, den Blutzuckerspiegel hochschnellen lassen und deshalb Heißhunger auslösen können.

Brokkoli

Der dunkelgrüne Verwandte des Blumenkohls enthält eine geballte Ladung an Antioxidantien, die vor Krebs schützen und das Immunsystem stärken. Vitamin C sowie Vitamine aus der B-Gruppe und Kalzium machen das Gemüse noch wertvoller.

Brombeeren

Vitaminreich wie alle Beerenfrüchte, stärken Brombeeren besonders das Bindegewebe und beugen dadurch Krampfadern vor.

Chicoree

Auch bei diesem Gemüse kurbeln Bitterstoffe Verdauung und Fettstoffwechsel an. Der hohe Vitamin- und Mineralstoffgehalt ist ein weiteres Argument für den wohl schmeckenden Chicoree.

Erdbeeren
Wenn die köstlichen roten Früchte aus heimischem Anbau Saison haben, sollten Sie so oft wie möglich zugreifen. Erdbeeren enthalten reichlich Mangan, das die Arbeit der Schilddrüse unterstützt und so wirkungsvoll schlank hält. Kalium, Gerbstoffe, Folsäure und pflanzliche Farbstoffe, die die Haut schützen, ergänzen die positive Wirkung. Verzichten Sie allerdings lieber auf Erdbeeren außerhalb der Saison, diese sind häufig hoch mit Pflanzenschutzmitteln belastet.

Feigen
Als Verdauungshilfe sind getrocknete Feigen, in einem Glas Wasser eingeweicht, seit Jahrzehnten bewährt. Die süßen Früchte enthalten neben Ballaststoffen aber auch Vitamine, Mineralien und das Enzym Ficin, das den Stoffwechsel anregt.

Fisch
Als Schlankheitskost sind Fischgerichte unschlagbar, denn Fisch enthält viel Jod, das die Schilddrüse braucht, Eiweiß, das den Stoffwechsel in Schwung bringt sowie wertvolle Öle, die Blutgefäße und Herz vor Ablagerungen schützen. Wenn Sie häufig Fisch essen, sollten Sie darauf achten, möglichst fettarme Arten zu wählen.

Fleisch
Ab und zu eine kleine Portion Fleisch, schonend und fettarm zubereitet, rundet den Speisezettel ab. Bevorzugen Sie dabei mageres, helles Fleisch.

Getreide
Gerichte aus dem vollen Getreidekorn – egal, ob es im Ganzen gekocht, geschrotet oder gemahlen wurde – gehören zu den wertvollsten Lebensmitteln. Mineralien, Vitamine und hochwertige pflanzliche Ballaststoffe sind gesund und machen fit. Hafer soll übrigens der Muntermacher schlechthin sein und stimmungsaufhellend wirken – gerade wie es das Sprichwort „Jemanden sticht der Hafer“ sagt.

Heidelbeeren
Wer je Probleme mit dem Magen hatte, wird die Kraft der schwarzen Beeren bereits schätzen gelernt haben. Zahlreiche bioaktive Substanzen stärken das Immunsystem und beugen so sogar Krebs vor.

Hülsenfrüchte
Linsen, Erbsen, Bohnen und Co enthalten viel wertvolles pflanzliches Eiweiß und Mineralien, dabei aber wenig Fett. Sie sättigen nachhaltig und sind deshalb auch auf einem schlanken Speisezettel

unentbehrlich. Probieren Sie Linsen einmal nicht nur in der Suppe, sondern auch für raffinierte Salate oder Pasten – das schmeckt einfach köstlich.

Himbeeren

Reichlich Vitamin A nützt vor allem der Schönheit – Haut, Haar und Nägel werden gestärkt.

Johannisbeeren

Die angenehme Säure der weißen, roten und schwarzen Beerenfrüchte legt es schon nahe: Johannisbeeren enthalten reichlich Vitamin C, dazu Kalium, Magnesium, Mangan und Pantothensäure.

Karotten

Pektine und Provitamin A machen Karotten so wertvoll. Rohkostsalate stets mit einem kleinen Löffel Öl servieren, sonst kann der Körper das Provitamin nicht zu Vitamin A aufbauen und verwerten.

Kartoffeln

Theoretisch sind die kalorienarmen Knollen das ideale Lebensmittel zum Sattwerden. Kartoffeln treiben aber den Blutzuckerspiegel rasch in die Höhe und sollten deshalb möglichst nicht in Verbindung mit Fett gegessen werden. Verzichten Sie also auf Pommes und Bratkartoffeln und essen Sie Ihre Pellkartoffeln lieber mit Magerquark oder fettarmem Fleisch.

Kirschen

Mineralstoffe wie Kalium, Eisen und Kalzium, Vitamin C, Folsäure und Pflanzenfarbstoffe machen die leckeren Früchte so gesund. Kirschen entschlacken, regen die Bildung von Blut und Bindegewebe an, stärken das Immunsystem und die Knochen. Weil sie das Hautbild verbessern, sind sie auch ein echter Schönmacher.

Kiwi

Wer täglich eine Kiwi verzehrt, führt sich nicht nur reichlich Vitamin C, Kalzium, Kalium und Eisen zu, sondern sorgt auch dafür, dass der Cholesterinspiegel niedrig bleibt und das Blut gut fließt. Aber Vorsicht: Kindern, Allergikern und Personen mit schwachem Magen bekommt die Frucht häufig nicht, also erst einmal in kleinen Mengen probieren.

Knoblauch

Entweder man liebt ihn oder man hasst ihn – halbe Sachen gibt es beim Knoblauch nicht. Wenn man sich gesund ernähren möchte, hat die gehaltvolle Knolle allerdings nur Vorteile. Knoblauch senkt den Blutzuckerspiegel, kurbelt die Fettverdauung an, entgiftet und hilft gegen Entzündungen. Möglichst roh und in größerer Menge gegessen, kann Knoblauch eine drohende Erkältung abwenden. Die natürlichen „Antibiotika" können sogar bei schweren Krankheiten helfen.

Mango

Die leckere Exotin enthält reichlich zellschützendes Beta-Karotin, Vitamin E, Vitamin C und viele B-Vitamine sowie Kalium und Mangan. Pflanzliche Ballaststoffe regen die Verdauung an.

Meeresfrüchte

Krabben, Garnelen, Hummer und Co sind die idealen Fatburner – fettarmes, aromatisches Fleisch mit wertvollem Eiweiß macht das Abspecken zum Genuss, Spurenelemente wie Zink möbeln zusätzlich die Laune auf.

Milchprodukte

Für alle, die es vertragen, sind Milchprodukte ein wichtiger Bestandteil des Speiseplans. Vor allem der hohe Kalziumgehalt macht sie zum Abnehmen attraktiv – ohne Kalzium funktioniert der Fettabbau nämlich nicht. Bei allen Milchprodukten ist es aber wichtig, auf den Fettgehalt zu achten. Nur Kinder sollten Vollmilch trinken, für Erwachsene ist fettarme Milch besser. Auch bei Quark und Käse sollte man nur Produkte mit niedrigem Fettgehalt wählen und höchstens ab und zu mal eine fettreichere Sorte genießen. Ein gesunder, eiweißreicher und fettarmer Durstlöscher ist Molke.

Nüsse und Samen

Aus der Vollwerternährung sind die mineralstoff- und vitaminreichen Körner nicht wegzudenken, weil sie zusätzlich wertvolle pflanzliche Öle und hochwertiges Eiweiß enthalten. Leider macht der hohe Fettanteil Sesamsaat, Sonnenblumenkerne, Pinienkerne und Nüsse aller Art auch zu potentiellen Dickmachern – deshalb zwar regelmäßig, aber höchstens teelöffelweise verwenden.

Papaya

Die köstliche Baummelone enthält mehr Enzyme als jede andere Frucht, dazu Vitamine und Mineralien. Bei Problemen mit der Eiweißverdauung ist Papaya besonders zu empfehlen.

Paprika

Die grünen, gelben oder roten Schoten enthalten reichlich wertvolle pflanzliche Ballaststoffe und Mineralien. Ihr besonders hoher Gehalt an Vitamin C macht sie zu einem wertvollen Fatburner. Weil sie gut sättigen und sich abwechslungsreich zubereiten lassen, sollten Gemüsepaprika ständig auf dem Speisezettel stehen.

Pflaumen

Als Verdauungshilfe sind sie wohl jedem bekannt, jetzt haben Forscher festgestellt, dass getrocknete Pflaumen auch vor Krebs schützen können. Die Früchte binden Fett im Darm, entwässern und erhalten durch die B-Vitamine die gute Laune.

Rettich

Ganz zu Unrecht ist dieses heimische Gemüse ein wenig aus der Mode gekommen, dabei schmeckt Rettich, richtig zubereitet, sehr aromatisch. Auch als Saft ist Rettich eine wertvolle Ergänzung des Speiseplans, weil er die Verdauung anregt und entwässert. Außerdem enthält Rettich Vitamine, Mineralien und ätherische Öle. Vor allem für Gallenkranke ist schwarzer Rettich das ideale Gemüse, weil er den Gallefluss erleichtert und fördert. Wer es milder liebt, freundet sich zuerst einmal mit Radieschen an, die ebenfalls rundum gesund sind.

Sauerkraut

Einer der beliebtesten Schlankmacher unter den Gemüsen ist das Sauerkraut, das man so oft wie möglich roh genießen sollte. Als Verdauungshilfe ist es unschlagbar und enthält zusätzlich Vitamin C und verschiedenste wertvolle Mineralien.

Sellerie

Dieses Gemüse kann man das ganze Jahr über bekommen, im Sommer die schlanken, knackigen Stangen, im Winter die dicken, milderen Knollen. Sellerie regt die Verdauung an, entwässert und entschlackt – und sollte deshalb auf keinem Speiseplan fehlen.

Spargel

Das mineralstoffreiche Edelgemüse ist kalorienarm wie kein anderes, enthält pflanzliche Ballaststoffe und Vitamine und regt außerdem die Nierenfunktion an.

Tee

Entschlackende Kräuterzubereitungen sind geradezu ein Muss für alle, die eine schlanke Figur behalten wollen. Probieren Sie es einfach einmal aus! Bei Ihren Experimenten sollten Sie allerdings auf Abwechslung achten: manche Kräutertees wirken sehr stark und

sollten nicht über einen längeren Zeitraum regelmäßig getrunken werden. Hier einige Anregungen: Brennnessel- und Birkenblätter entwässern auf die sanfte Art.
Löwenzahn, Tausendgüldenkraut und Wermut regen den Gallenfluss an und bringen so die Verdauung in Schwung.
Eine Tasse Rosmarintee am Abend unterstützt die Blutreinigung.
Mate-Tee sättigt und unterstützt den Stoffwechsel.
Pu-Erh-Tee senkt den Blutfettspiegel und bremst Hungergefühle aus.
Grüner Tee wirkt wie ein Jungbrunnen, stärkt das Immunsystem, regt den Stoffwechsel an und schützt die Zellen.
Schwarzer Tee enthält reichlich Chrom, das als Fatburner-Substanz viel diskutiert wird.

Tomaten

Fast nichts schmeckt besser als eine schöne, ausgereifte Tomate. Die roten, äußerst kalorienarmen Paradiesfrüchte sind dabei auch noch sehr gesund, entwässern wirkungsvoll und sollen sogar vor Krebs schützen. Mineralien wie Magnesium, Eisen, Zink, Kalium und Kalzium sind weitere Argumente für das Super-Gemüse.

Zitrusfrüchte

Orangen, Zitronen, Grapefruits, Mandarinen, Clementinen und Limonen – Zitrusfrüchte sind aus unserem Speiseplan längst nicht mehr wegzudenken. Reichlich Vitamin C und wertvolle Flavonoide liefern gerade im Winter unentbehrliche Vitalstoffe. Frisch gepresste Säfte mit dem vollen Fruchtfleisch sind eine gute tägliche Nahrungsergänzung. Allerdings sollten Sie Grapefruitsaft nicht trinken, wenn Sie Medikamente einnehmen. Diät-Profis schwören übrigens auch auf die Fettverbrennungs-Power der Zitrone und verzehren abends vor dem Schlafengehen eine ganze geschälte Frucht – auch wenn Ärzte Magenprobleme befürchten ...

Zwiebel

Diese Knolle ist rundum gesund – Vitamine, ätherische Öle, pflanzliche „Antibiotika" sowie Kalium, Kalzium, Eisen, Jod und Selen machen die Zwiebel zu einem Basis-Nahrungsmittel, das außerdem das Fett schmelzen lässt und daher täglich verzehrt werden sollte. Als Gemüse gedünstet, schmeckt die Zwiebel angenehm mild und gibt einen richtigen Powerschub – Verdauungsanregung inklusive!

Leckere Rezepte mit Fatburnern

1. Tricks zum praktischen Fatburning

Mit ein paar kleinen Tricks können Sie sich kalorienbewusst ernähren und trotzdem genießen.

Trick 1

Halten Sie sich beim Einkaufen immer an einen strikten Einkaufsplan. Kaufen Sie niemals mehr, als Sie brauchen.

Trick 2

Trinken Sie sich schlank! Gleich nach dem Aufstehen ein Glas lauwarmes Wasser auf nüchternen Magen, entschlackt und kurbelt die Verdauung an. Auch vor jeder Mahlzeit sollten Sie mindestens ein großes Glas natrium- und kohlensäurearmes Mineralwasser trinken.

Trick 3

Sie sind Süßigkeiten-Junkie? Trinken Sie zwei- bis dreimal pro Tag ein großes Glas Wasser mit einem Esslöffel Apfelessig. Das schafft ein gutes Gefühl im Magen und durchbricht den Kreislauf aus Heißhunger, essen, Heißhunger usw.

Trick 4

Obst ist die ideale Zwischenmahlzeit. Äpfel halten den Blutzuckerspiegel stabil und verhindern Heißhungerattacken. Kiwis entwässern durch ihren hohen Kaliumgehalt, fördern durch Calcium Knochenwachstum und stärken die Nerven. Die Enzyme in Papayas und Ananas unterstützen die Eiweißverdauung.

Trick 5

Dämpfen ist die fettärmste und gesündeste Garmethode, nicht nur für Gemüse, sondern auch für Fleisch und Fisch. Frische Kräuter sorgen für ein tolles Aroma.

Trick 6

Dosieren Sie Öl für Salatsaucen immer ganz genau – am besten mit einem Esslöffel. Beim Essig dürfen Sie dagegen großzügiger sein.

Trick 7

Schummeln Sie bei Saucen, Dressings und Dips. Diese Dickmacher lassen sich nämlich mit Gemüsebrühe, Obstsäften oder Jogurt strecken. Eine zerdrückte gekochte Kartoffel macht alles schön sämig. Auf diese Weise kann man sogar bei Mayonnaise Kalorien sparen.

Trick 8

Viele vollwertige Gerichte werden mit Nüssen und Samen aufgewertet. Das ist prinzipiell sehr gesund. Allerdings sind die Kerne meist extrem fetthaltig und daher sehr, sehr kalorienreich.
Deshalb vorsichtiger dosieren, als im Rezept angegeben und keinesfalls großzügiger.

Trick 9

Partys überstehen Sie mit wenig Alkohol, wenn Sie vor jedem echten Drink ein Glas Wasser zu sich nehmen. Hochprozentiges hat viele Kalorien, Bitter dagegen regen zusätzlich die Verdauung an.

Trick 10

Partyhäppchen können unwiderstehlich sein. Greifen Sie zu bei Vollkornbrötchen oder Pumpernickel, das stillt den Appetit. Ein bis zwei Häppchen sind genug.

Trick 11

Dickmacher Geschäftsessen? Das kommmt ganz auf Ihre Wahl an. Fisch oder mageres Fleisch dürfen Sie sich immer erlauben. Die Sauce Bearnaise dazu oder die Knoblauchmayo müssen Sie ja nicht aufessen. Zur Not dürfen Sie sich sogar einen Schweinebraten erlauben – wenn Sie den Knödel weglassen, alles Fett und die knusprige Kruste abschneiden und sich auch bei der Sauce zurückhalten.

Trick 12

Entfetten Sie Ihr Frühstücksbrötchen! Unter Käse, Wurst oder Schinken können Sie auf Butter verzichten, Marmelade schmeckt auch auf Quark.

Trick 13

Salate sind nicht unbedingt Schlankmacher. Der Esslöffel Öl zu viel, Zutaten wie Avocados, Eier oder Speck sowie Dressings mit Sahne oder Mayo machen aus der Magerkost eine Kalorienbombe.

Trick 14

Nudeln machen satt und glücklich – wenn sie in einer leichten Sauce serviert werden. Saucen wie Pesto oder Carbonara sind tabu, sie enthalten eine Menge überflüssiger Kalorien.

2. Lecker kochen mit Fatburnern

Schlemmen Sie sich schlank mit selbst zubereiteten Köstlichkeiten und Speisen, die die Fettverdauung ankurbeln und zudem noch gesundheitsfördernd sind.

Falls nicht anders angegeben, gelten alle nachfolgenden Rezepte für zwei Personen.

Feigenmüsli

Zutaten

- 4 frische Feigen
- 400 g Magerjogurt
- 2 EL Haferflocken
- 1 TL Honig
- 1 TL gehackte Mandeln

Zubereitung

- Feigen waschen, trocken tupfen und in kleine Stückchen schneiden. Den Magerjogurt gut mit den Haferflocken und Feigen verrühren. Mit dem Honig süßen.
- Schließlich die gehackten Mandeln über das Müsli streuen.

Melonen-Molke

Zutaten

- 125 g Melonenfruchtfleisch
- 1/4 l Molke
- 1 TL Honig

Zubereitung

- Fruchtfleisch in Stücke schneiden und mit dem Mixer pürieren.
- Molke unterrühren und mit Honig abschmecken.

Bananenjogurt

Zutaten

- 4 EL Magerquark
- 1 EL süße Sahne
- 2 EL brauner Zucker
- 1 Päckchen Vanillinzucker
- 2 Becher Magerjogurt
- 2 Bananen
- 3 EL Mandelstifte

Zubereitung

- Magerquark mit süßer Sahne verrühren. Zucker und Vanillinzucker dazugeben. Jogurt schaumig schlagen und in den Quark einrühren.
- Bananen schälen, der Länge nach halbieren, in dünne Scheiben schneiden und in den Jogurt geben.
- Mit Mandelstiften bestreuen.

Abkürzungen: *EL = Esslöffel*, *TL = Teelöffel*, *Msp. = Messerspitze*, *g = Gramm*, *ml = Milliliter*, *l = Liter*, *kg = Kilogramm*

Lachsbrot

Zutaten

- 2 Scheiben Roggenbrot
- 1 EL Magerfrischkäse
- 2 Salatblätter
- 2 Scheiben geräucherter Lachs
- frischer Pfeffer aus der Mühle
- 1/2 Limone

Zubereitung

- Roggenbrotscheiben mit Magerfrischkäse bestreichen. Salatblätter waschen, trockentupfen, auf den Frischkäse geben. Darauf jeweils eine Scheibe Lachs legen. Mit Pfeffer würzen.
- Limonenhälfte in Scheiben schneiden und Brot damit dekorieren.

Italienisches Sandwich

Zutaten

- 1 Kugel Mozzarella
- 2 Tomaten
- 2 Scheiben Sonnenblumenbrot
- 2 EL frische Brunnenkresse
- Meersalz
- frischer Pfeffer aus der Mühle

Zubereitung

- Mozzarella abtropfen lassen, in dünne Scheiben schneiden. Tomaten waschen, halbieren, Stielansätze entfernen und ebenfalls in dünne Scheiben schneiden. Brot abwechselnd mit Mozzarella- und Tomatenscheiben belegen.
- Gewaschene Brunnenkresse darüber streuen. Nach Geschmack mit Meersalz und Pfeffer würzen.

Ananas-Drink

Zutaten

- 100 ml Sojamilch
- 50 ml ungezuckerter Ananassaft
- etwas Vanillemark

Zubereitung

- Milch und Saft mischen.
- Mit Vanillemark abschmecken.

Falls nicht anders vermerkt, gelten alle Rezeptangaben für 2 Personen.

Weizenmüsli

Zutaten

- 2 EL grob geschroteteter Weizen
- 1/8 l Magermilch
- 150 g Magerjogurt
- 1/2 Banane
- 1 TL Rosinen
- 1 TL grob gehackte Mandeln
- einige Blättchen Zitronenmelisse

Zubereitung

- Weizen in Magermilch über Nacht einweichen. Am nächsten Tag Weizen und Milch mit dem Magerjogurt vermischen. Banane schälen, zerdrücken, in den Jogurt geben. Rosinen und gehackte Mandeln einrühren.
- Das Ganze gründlich vermischen. Zitronenmelisse kurz waschen, trockentupfen und das Müsli damit dekorieren.

Vitamin-Drink

Zutaten

- 150 g Erdbeeren
- Saft von 2 Grapefruits
- Vanillemark

Zubereitung

- Früchte im Mixer pürieren.
- Mit Grapefruitsaft verrühren.
- Mit Vanillemark abschmecken.

Erdbeerquark

Zutaten

- 100 g Erdbeeren
- 1 EL Akazienhonig
- 1 TL Ahornsirup
- 250 g Magerquark
- frisch gepresster Saft von 1 Limone
- 1 EL süße Sahne

Zubereitung

- Erdbeeren waschen und in mundgerechte Stücke schneiden.
- In einen Kochtopf geben, mit Akazienhonig und Ahornsirup süßen. Etwas Wasser dazugeben, zugedeckt einkochen, dann abkühlen lassen.
- Quark mit Limonensaft vermischen, Erdbeeren einrühren. Süße Sahne steif schlagen und Erdbeerquark damit verzieren.

Kräuterschnitte

Zutaten

- 1 EL gehackte Petersilie
- 1 EL Schnittlauchröllchen
- 1 EL gehacktes Basilikum
- 80 g Magerquark
- 2 Scheiben Vollkornbrot
- Cayennepfeffer

Zubereitung

- Petersilie, Schnittlauch und Basilikum waschen und trockenschütteln. Petersilie und Basilikum sehr fein hacken und den Schnittlauch in kleine Röllchen schneiden.
- Alle Kräuter mit dem Magerquark vermischen, gleichmäßig auf Vollkornbrotscheiben verteilen und mit etwas Cayennepfeffer würzen.

Tipp:

Der Quark wird schön locker, wenn Sie einen Schuss Mineralwasser oder Zitronensaft zufügen.

Apfelmüsli

Zutaten

- 2 süßliche Äpfel
- 200 g Magerjogurt
- 1 Päckchen Vanillinzucker
- 4 EL Vollkornmüsli
- 1 EL Honig
- 1 TL gehackte Mandeln

Zubereitung

- Äpfel waschen, halbieren, Kerngehäuse sorgfältig entfernen und die Apfelhälften in mundgerechte Stücke teilen.
- Zusammen mit Magerjogurt, Vanillinzucker, Vollkornmüsli und Honig vermischen.
- In dekorative Schälchen füllen und mit gehackten Mandeln bestreuen.

Melonenspeise

Zutaten

- 1/2 Honigmelone
- 1 Orange
- 1 rosa Grapefruit
- Ingwerpulver
- 1 EL brauner Zucker
- einige Pfefferminzblättchen

Zubereitung

- Honigmelone vierteln, Kerne sorgsam entfernen. Melonenfleisch vorsichtig von der Schale lösen und klein schneiden. Orange und Grapefruit schälen, Häutchen sorgfältig entfernen und Fruchtfleisch in kleine Stücke teilen.
- Zusammen mit Ingwerpulver, braunem Zucker und Honigmelone vermischen. Zugedeckt ca. 15 Minuten ziehen lassen.
- Vor dem Servieren nochmals gründlich umrühren und mit gewaschenen Pfefferminzblättchen dekoriert servieren.

Tipp:

Die Speise sieht besonders toll aus, wenn sie in einer ausgehöhlten Melonenhälfte serviert wird.

Traubenbrötchen

Zutaten

- je 5 weiße und blaue Weintrauben
- 8 EL Hüttenkäse
- 4 halbe Roggenbrötchen
- 1 EL gehackte Mandeln

Zubereitung

- Weintrauben waschen, abtropfen lassen, halbieren, Kerne entfernen und in kleine Würfel schneiden.
- Hüttenkäse auf Roggenbrötchenhälften verteilen. Weintraubenwürfel darüber geben. Mit gehackten Mandeln bestreuen.

Gurkenschnitte

Zutaten

- 1/2 Salatgurke
- 8 EL Kräuterquark
- 2 Scheiben Bauernbrot
- 1 EL gehackter Dill
- 2 gewaschene Salatblätter

Zubereitung

- Salatgurke waschen, schälen, längs halbieren und vorsichtig die Kerne entfernen. Gurke in dünne Scheiben schneiden. Kräuterquark gleichmäßig auf Brotscheiben streichen.
- Gurkenscheiben darauf dekorativ anordnen. Mit gehacktem Dill bestreuen. Jede Brotscheibe auf 1 Salatblatt legen und servieren.

Rote Schnitte

Zutaten

- 2 Scheiben getoastetes Vollkornweißbrot
- 1 EL Kräuterbutter
- 2 EL Tomatenmark
- Saft von 1/2 Zitrone
- 1 TL gehackte Basilikumblätter
- Pfeffer

Zubereitung

- Vollkornweißbrot toasten, kurz abkühlen lassen und mit Kräuterbutter bestreichen. Tomatenmark mit Zitronensaft und Basilikum vermengen und auf die Toastscheiben verteilen.
- Nach Geschmack mit frischem Pfeffer würzen.

Frischkornmüsli

Zutaten

- 4 EL Getreidekörner (z. B. Weizen, Dinkel oder Hafer)
- 2 EL Sahne
- 2 TL Honig
- 2 EL gehackte Walnusskerne

Zubereitung

- Am Vorabend das Getreide in einer Getreidemühle grob schroten und über Nacht in 4 EL Wasser einweichen.
- Am nächsten Morgen die Sahne und den Honig zu dem Getreideschrot geben und gut verrühren.
- Mit den gehackten Walnusskernen bestreuen.

Müsli „classico"

Zutaten

- 1 süßlicher Apfel
- 1/2 Birne
- 1/2 Banane
- frisch gepresster Saft von 1/2 Zitrone
- 1 EL brauner Zucker
- 1 EL gehackte Haselnüsse
- 1 TL Rosinen
- 10 EL Haferflocken
- 1/2 l Magermilch

Zubereitung

- Apfel und Birne schälen. Kerngehäuse entfernen, Fruchtfleisch in kleine Stückchen schneiden.
- Banane schälen, längs halbieren und in dünne Scheiben schneiden.
- Klein geschnittenes Obst in eine Schüssel geben, mit Zitronensaft beträufeln und Zucker darüber streuen.
- Haselnüsse, Rosinen, Haferflocken und Magermilch in die Schüssel geben, alles gut miteinander vermischen.

Ananastoast

Zutaten

- 2 Scheiben Vollkorntoast
- 10 EL Hüttenkäse
- 300 g frische Ananas
- 2 EL zerstoßene Walnüsse

Zubereitung

- Vollkorntoast goldbraun toasten. Hüttenkäse gleichmäßig auf die Toastbrotscheiben streichen.
- Ananas schälen und in kleine Stücke schneiden. Auf dem Hüttenkäse verteilen.
- Mit zerstoßenen Walnüssen bestreuen.

Tipp:

Verwenden Sie statt der Nüsse einmal feine Haferflocken, in Butter angeröstet.

Kiwijogurt

Zutaten

- 2 Becher Magerjogurt
- 2 Kiwis
- 1 EL Honig
- 1 EL Rosinen
- 1 EL gehackte Haselnüsse

Zubereitung

- Magerjogurt in eine kleine Schüssel füllen. Kiwis schälen, halbieren und in dünne Scheiben schneiden.
- Zusammen mit Honig, Rosinen und der Hälfte der gehackten Haselnüsse in den Magerjogurt geben. Ganz vorsichtig verrühren.
- Mit restlichen Haselnüssen bestreuen.

Roggenpfannkuchen

Zutaten

- 100 g Roggenvollkornmehl
- 2 Eigelb
- 3 EL Magermilch
- Meersalz
- 2 Eiweiß
- 1 EL Honig
- 1 TL Mandelsplitter
- etwas Kokosfett zum Backen

Zubereitung

- Roggenvollkornmehl mit Eigelb, Magermilch und einer Prise Salz zu einem Teig rühren. Eiweiß steif schlagen und unter den Teig heben. Honig und Mandelsplitter in den Teig einrühren.
- Gut vermischen, damit sich keine Klümpchen bilden. Etwas Kokosfett in eine Pfanne geben, erhitzen. Teig portionsweise in heißes Fett geben, nach und nach Pfannkuchen goldbraun ausbacken.
- Auf einen vorgewärmten Teller geben, möglichst warm servieren. Nach Wunsch können die Pfannkuchen auch mit Marmelade bestrichen werden.

Porridge

Zutaten

- 1/2 l Mineralwasser ohne Kohlensäure
- 100 g grobe Haferflocken
- 10 eingeweichte Trockenpflaumen
- 2 EL Honig
- 6 EL süße Sahne
- 2 EL gehackte Haselnüsse

Zubereitung

- Mineralwasser zum Kochen bringen, Haferflocken einrühren, Kochtopf vom Herd nehmen. Haferflocken ca. 20 Minuten quellen lassen, bis ein dicker Brei entstanden ist.
- Eingeweichte Trockenpflaumen in kleine Stücke schneiden, zusammen mit dem Honig in den Brei geben.
- In Müslischalen füllen, mit kalter süßer Sahne übergießen und mit gehackten Haselnüssen bestreuen.

Müsli mit gemischten Beeren

Zutaten

- 4 EL kernige Haferflocken
- 200 g gemischte tiefgekühlte oder frische Beeren (Erdbeeren, Heidelbeeren, Himbeeren, Brombeeren)
- 200 g Magerjogurt
- 1 TL Birnendicksaft (Reformhaus)
- 1 TL Zitronensaft
- 1 EL Sonnenblumenkerne

Zubereitung

- Beeren kalt abbrausen und verlesen, gefrorene Beeren über Nacht auftauen lassen. Größere Früchte (z. B. Erdbeeren) klein schneiden.
- Jogurt mit Birnendicksaft und Zitronensaft verrühren, Früchte und Haferflocken dazugeben.
- Sonnenblumenkerne in einer Pfanne ohne Fett goldbraun rösten und über das Müsli geben.

Herzhaftes Paprikagemüse

Zutaten

- 100 g rote Paprikaschoten
- 100 g gelbe Paprikaschoten
- 100 g grüne Paprikaschoten
- 300 g Tomaten
- 2 Schalotten
- 1 Knoblauchzehe
- 1 Scheibe Frühstücksspeck
- 2 EL kaltgepresstes Olivenöl
- 1/2 rote Chilischote
- 1 EL edelsüßes Paprikapulver
- einige Spritzer Tabasco
- Cayennepfeffer
- Salz

Zubereitung

- Paprikaschoten putzen, waschen und in breitere Streifen schneiden. Tomaten mit kochendem Wasser übergießen, kurz stehen lassen, dann häuten.
- Tomaten halbieren, Stielansätze entfernen, Kerne mit einem Löffel herausschälen und das Fruchtfleisch klein würfeln.
- Schalotten und Knoblauchzehe schälen, beides fein hacken. Speck in kleine Würfel schneiden.
- Olivenöl in eine Pfanne geben, erhitzen, Speckwürfel darin kurz anbraten.
- Chilischote waschen, entkernen, in sehr kleine Würfel schneiden und zusammen mit den Schalotten und der Knoblauchzehe in die Pfanne geben, kurz anbraten.
- Paprikastreifen und Tomatenwürfel in die Pfanne geben.
- Mit Paprikapulver, Tabasco, Cayennepfeffer und Salz feurig würzen.
- Alles gut vermischen und zugedeckt ca. 15 Minuten köcheln lassen. Ab und zu umrühren.

Eingelegte Zucchini

Zutaten

- 500 g kleine Zucchini
- Kräutersalz
- Olivenöl
- Pfeffer
- 1 Bund Basilikum
- 1/2 Bund Petersilie
- ein paar Zweige Thymian
- 3 Knoblauchzehen
- 100 ml Weißweinessig

Zubereitung

- Die Zucchini waschen, putzen und in 1/2 cm dicke Scheiben schneiden. Salzen, kurz Wasser ziehen lassen, dann trockentupfen. Reichlich Olivenöl in einem Topf erhitzen, die Zucchinischeiben darin portionsweise hellbraun ausbacken. Auf Küchenpapier entfetten. Die Zucchinischeiben auf einer Platte anrichten, mit Salz und Pfeffer würzen.
- Die Kräuter waschen und trockentupfen. Das Basilikum in feine Streifen schneiden. Die Petersilie fein hacken und den Thymian abrebeln. Die Knoblauchzehen schälen und fein hacken. Kräuter, Knoblauch und Essig vermischen, über die Zucchini verteilen.
- Zugedeckt im Kühlschrank vier Stunden marinieren lassen.
- Vor dem Servieren bei Zimmertemperatur etwas stehen lassen.

Melonen-Cocktail

Zutaten

- 1 Honigmelone
- 1/2 Salatgurke
- 2 Paprikaschoten
- 2 Tomaten
- Zitronensaft
- 2 EL Öl
- Salz, Pfeffer
- 10 schwarze Oliven

Zubereitung

- Die Melone halbieren, die Kerne entfernen, das Fruchtfleisch mit einem Löffel herausnehmen und in kleine Stücke schneiden.
- Gurke, Paprika und Tomaten in Würfel schneiden und mit den Melonenstücken mischen. Mit Zitronensaft, Öl, Salz und Pfeffer abschmecken. Mit den Oliven garnieren.

Austernpilze mit Knoblauch

Zutaten

- 500 g Austernpilze
- 2 Knoblauchzehen
- 1/2 Bund Petersilie
- 2 EL Olivenöl
- 1 TL Butter
- Salz, schwarzer Pfeffer
- Saft von 1 kleinen Zitrone

Zubereitung

- Die Pilze voneinander trennen, zähe Stiele abschneiden und putzen, kurz unter fließendem, kaltem Wasser abspülen und trockentupfen.
- Den Knoblauch schälen und in feine Scheiben schneiden. Die Petersilie waschen und fein hacken.
- Das Öl in einer Pfanne erhitzen und die Butter darin bei mittlerer Hitze zerlaufen lassen. Die Pilze zugedeckt etwa 2 Minuten braten, wenden und bei starker Hitze in der offenen Pfanne weitere 3 bis 5 Minuten braten, bis die gesamte Flüssigkeit verdampft ist.
- Anschließend mit Salz und Pfeffer abschmecken und auf vorgewärmten Tellern anrichten.
- Den Knoblauch und den Zitronensaft in die Pfanne geben, und den Knoblauch unter ständigem Rühren etwa 1 Minute dünsten, bis er weich ist.
- Die Sauce über den Pilzen verteilen und die Petersilie darüber streuen.

Kräuteromelett

Zutaten

- 4 Eier
- 1 Prise Meersalz
- frischer Pfeffer aus der Mühle
- 1 EL Butter
- 1 EL gehackte Petersilie
- 1 EL Schnittlauchröllchen
- 1 EL gehackter Dill
- 1 EL gehackte Brunnenkresse

Zubereitung

- Eier verquirlen, mit Meersalz und Pfeffer würzen. Butter in eine Pfanne geben, erhitzen.
- Petersilie, Schnittlauch und Dill in die Eiermasse rühren, in die Pfanne geben und bei schwacher Hitze stocken lassen.
- Mit der gewaschenen Brunnenkresse bestreuen, Omelett halbieren und möglichst heiß servieren.

Knoblauchbrot

Zutaten

- 2 EL Kräuterbutter
- Saft von 1/2 Limone
- 1 Prise Meersalz
- 3 Knoblauchzehen
- 2 EL gehackter Dill
- 2 Scheiben Weißbrot

Zubereitung

- Kräuterbutter kurz in einem kleinen Kochtopf erhitzen und etwas abkühlen lassen.
- Limonensaft in den Kochtopf geben. Mit Meersalz würzen.
- Knoblauchzehen schälen, zerdrücken und zusammen mit gehacktem Dill in den Kochtopf geben und gut verrühren. Im Kühlfach erkalten lassen.
- Fest gewordene Knoblauch-Dill-Butter auf die Weißbrotscheiben streichen, Knoblauchbrote bei geringer Hitze im Backofen ca. 3 Minuten backen.
- So heiß wie möglich servieren.

Gelb-grüne Spagetti

Zutaten

- 200 g Spagetti
- 1 Prise Meersalz
- 150 g Zuckerschoten
- 1 EL Crème fraîche
- 1/8 l Gemüsebrühe
- 50 g Gorgonzola
- frischer Pfeffer aus der Mühle
- 1 EL Pinienkerne

Zubereitung

- Spagetti in Salzwasser „al dente" kochen, abgießen und abtropfen lassen. Zuckerschoten in kochendem Salzwasser blanchieren, abschrecken und gut abtropfen lassen.
- Crème fraîche, Brühe und Gorgonzola in einem Kochtopf verrühren, aufkochen und unter ständigem Rühren zu einer cremigen Sauce köcheln lassen. Mit Meersalz und Pfeffer würzen.
- Zuckerschoten in die Sauce geben und erhitzen. Pinienkerne in einer Pfanne ohne Fett kurz anrösten. Spagetti mit der Sauce auf zwei Tellern anrichten und mit Pinienkernen bestreuen.

Sardinentoast

Zutaten

- 1/2 rote Paprikaschote
- 1/2 Dose Sardinenfilets
- 2 Scheiben Vollkorntoast
- 1 EL Knoblauchbutter
- Meersalz
- frischer Pfeffer aus der Mühle
- 80 g frisch geriebener Parmesankäse
- 1/2 TL mildes Paprikapulver

Zubereitung

- Paprikaschote waschen, Kerngehäuse entfernen, fein würfeln. Sardinenfilets abtropfen lassen. Vollkorntoast mit Knoblauchbutter bestreichen. Darauf Sardinenfilets und gewürfelte Paprikaschoten legen. Mit Meersalz und Pfeffer würzen.
- Parmesankäse gleichmäßig darüber verteilen. Auf ein Backblech legen und im vorgeheizten Backofen ca. 15 Minuten überbacken.
- Vor dem Servieren mit Paprikapulver bestreuen.

Kichererbsenklößchen

Zutaten

❖ 240 g Kichererbsen aus der Dose ❖ 1 kleine rote Paprikaschote ❖ 1 Lauchzwiebel ❖ 2 Knoblauchzehen ❖ 1/2 Bund Koriander ❖ 1 Scheibe Vollkorntoast ❖ 1 Prise Kreuzkümmel ❖ 1 Prise Meersalz ❖ Pfeffer ❖ 1 Ei ❖ 25 g Maisgrieß ❖ 1 EL Mehl ❖ Pflanzenfett zum Ausbacken

Zubereitung

- Kichererbsen in einem Sieb abtropfen lassen, pürieren. Gemüse putzen, waschen. Paprika sehr klein würfeln, Lauchzwiebel, Knoblauch und Koriander fein hacken. Vollkorntoast entrinden, einweichen und gut ausdrücken.
- Gemüse, Kräuter, Vollkorntoast, Gewürze, Ei, Grieß und Mehl zum Kichererbsenpüree geben, zu einem Teig verkneten. Ca. 30 Minuten quellen lassen. Aus der Masse walnussgroße Klößchen formen und portionsweise in heißem Fett ca. 5 Minuten knusprig braun ausbacken.

Geröstetes Tomatenbrot

Zutaten

❖ 2 gehäutete Tomaten ❖ 2 Scheiben Bauernbrot ❖ 2 Knoblauchzehen ❖ 2 EL Olivenöl ❖ Meersalz ❖ frischer Pfeffer ❖ einige Blättchen Basilikum

Zubereitung

- Tomaten halbieren, Stielansätze herausschneiden, Kerne mit einem Löffel entfernen. Tomatenfleisch klein würfeln.
- Brotscheiben im Toaster etwas anrösten. Knoblauchzehen schälen, zerdrücken und auf den Brotscheiben verteilen. Olivenöl darüber träufeln. Tomatenwürfel auf das Brot geben, salzen und pfeffern. Mit Basilikumblättchen verzieren.

Venusmuscheln auf Spagetti

Zutaten

- 200 g Venusmuscheln
- 3 EL Olivenöl
- 1 gehackte Schalotte
- 100 ml Weißwein
- 1 Möhre
- 1/2 Zucchini
- 1/2 Stange Lauch
- 200 g Spagetti
- Salz, frischer Pfeffer

Zubereitung

- Venusmuscheln säubern, geöffnete Muscheln unbedingt aussortieren.
- 1 EL Olivenöl erhitzen und Schalottenwürfel darin andünsten. Weißwein und Muscheln hinzufügen, ca. 5 Minuten zugedeckt garen.
- Möhre, Zucchini und Lauchstange waschen, säubern und fein würfeln. Ca. 5 Minuten im restlichen Olivenöl andünsten. Spagetti in Salzwasser „al dente" kochen, abgießen, auf 2 Teller verteilen.
- Venusmuscheln und Gemüse auf die beiden Spagettiportionen geben und vor dem Servieren pfeffern.

Rührei auf Vierkornbrot

Zutaten

❖ 4 Eier ❖ 1 EL Magermilch ❖ 2 EL Schnittlauchröllchen ❖ Salz ❖ frischer schwarzer Pfeffer ❖ 1 Prise Muskatnuss ❖ 2 EL Kräuterbutter ❖ 2 Scheiben Vierkornbrot ❖ 1 EL Korianderblättchen

Zubereitung

- Eier mit Magermilch und Schnittlauchröllchen leicht schaumig rühren. Mit Salz, Pfeffer und Muskatnuss würzen.
- Die Hälfte der Kräuterbutter in eine Pfanne geben, erhitzen, verquirlte Eier hineingießen, kurz stocken lassen und verrühren.
- Restliche Kräuterbutter auf die Brotscheiben streichen. Rührei gleichmäßig darauf verteilen und dekorativ mit frischen gewaschenen Korianderblättchen garnieren.

Sushi

Zutaten

- 200 g Sushi-Reis
- 2 EL Reisessig
- 2 TL Zucker
- Salz
- 2 Seetang-Blätter
- je 100 g frisches Tunfisch- und Lachsfilet
- 1 kleines Stück Salatgurke
- 1/2 TL grüner Meerrettich
- 1 kleines Stück eingelegter Ingwer
- 1 TL Sojasauce

Zubereitung

- Reis in einem Sieb gründlich waschen, abtropfen lassen. Reis in Wasser geben, kurz aufkochen lassen. Kochplatte ausschalten und zugedeckt ca. 20 Minuten quellen lassen. Deckel abnehmen und weitere 15 Minuten quellen lassen.
- Reisessig, Zucker und Salz vermischen, erhitzen und abkühlen lassen. Mit dem Reis vermengen. Seetang-Blätter in kleinere rechteckige Stücke teilen, auf eine kleine Bambusrollmatte legen (falls nicht vorhanden, hilft man sich mit einem Butterbrotpapier aus), Reis auf den Seetang-Blättern gleichmäßig verteilen und in die Mitte eine Rille drücken.
- Tunfisch- und Lachsfilet unter fließendem Wasser abwaschen, trockentupfen und in dünne Streifen schneiden. Gurke waschen und ebenfalls in Streifen schneiden. Reisrille mit wenig grünem Meerrettich bestreichen.
- Darauf Lachs- oder Tunfisch- und Gurkenstreifen legen.
- Seetang-Blatt und Reis mit Hilfe der Bambusmatte oder des Backpapiers zu einer Rolle wickeln. Fertiges Sushi aus der Matte oder dem Papier nehmen, Rollen mit der Nahtstelle nach unten auf ein Brett legen und diese dann nacheinander in kleinere Stücke teilen.
- Sushi-Röllchen auf ein hübsches Holzbrett legen, mit dem restlichen Meerrettich, Ingwer und Sojasauce anrichten und servieren.

Schinkenbohnen mit Knoblauch

Zutaten

❖ 250 g grüne Bohnen ❖ 1/2 EL Balsamico-Essig ❖ 2 Schalotten ❖ 2 Knoblauchzehen ❖ 100 g roher Schinken ❖ 25 g Butter ❖ 1 Prise Meersalz ❖ Pfeffer ❖ 2 EL Bohnensprossen

Zubereitung

- Bohnen waschen, putzen und halbieren. Bohnen in kochendem Essigwasser ca. 5 Minuten kochen lassen, abgießen und vollständig abtropfen lassen. Schalotten und Knoblauchzehen schälen, fein würfeln. Schinken in dünne Streifen schneiden.
- Butter in einer Pfanne erhitzen. Schalotten, Knoblauch und Schinken darin unter gelegentlichem Rühren dünsten, salzen und pfeffern.
- Bohnen dazugeben und zugedeckt bei schwacher Hitze ca. 15 Minuten schmoren lassen. Abschmecken und vor dem Servieren dekorativ mit Bohnensprossen bestreuen.

Radieschenbrot

Zutaten

❖ 2 Roggenbrötchen ❖ 1 Schalotte ❖ 2 EL gehackte Petersilie ❖ 2 EL Brunnenkresse ❖ 2 EL gehackter Dill ❖ 400 g Magerquark ❖ 1 Bund Radieschen ❖ 1 Prise Meersalz ❖ Pfeffer ❖ 1 TL Rettichsprossen ❖ Cayennepfeffer

Zubereitung

- Roggenbrötchen halbieren. Schalotte schälen, fein würfeln. Kräuter miteinander vermischen und in den Magerquark einrühren. Radieschen putzen, waschen, würfeln und ebenfalls in den Quark geben. Mit Meersalz und Pfeffer würzen.
- Quark auf die Brötchenhälften streichen. Vor dem Servieren mit Rettichsprossen dekorieren und vorsichtig mit sehr wenig Cayennepfeffer bestreuen.

Deftige Kartoffelpfanne

Zutaten

❖ 250 g speckige Kartoffeln ❖ 1 Prise Meersalz ❖ 2 EL Distelöl ❖ 2 Scheiben Frühstücksspeck ❖ 1 Schalotte ❖ 100 g Egerlinge ❖ 200 g Erbsen (aus der Dose oder tiefgekühlt) ❖ Kurkuma ❖ Pfeffer ❖ 1 EL frische Korianderblättchen

Zubereitung

- Kartoffeln in Salzwasser ca. 15 Minuten kochen, bis sie weich sind. Abgießen, mit kaltem Wasser kurz abschrecken und abtropfen lassen.
- Distelöl in eine Pfanne geben und erhitzen. Speck in dünne Streifen schneiden, im heißen Fett auslassen. Schalotte schälen, fein würfeln, in die Pfanne geben. Egerlinge putzen, waschen, trockentupfen, in dünne Scheiben schneiden und ebenfalls in die Pfanne geben. Kartoffeln schälen, in dünne Scheiben schneiden, zusammen mit abgetropften Erbsen in die Pfanne geben. Mit Meersalz, Kurkuma und Pfeffer würzen.
- Alle Zutaten vorsichtig vermengen und ca. 5 Minuten garen lassen. Vor dem Servieren mit gewaschenen Korianderblättchen bestreuen.

Gefüllte Avocados

Zutaten

❖ 2 Avocados ❖ Saft von 1 Limone ❖ 150 g Garnelen ❖ je 2 grüne und schwarze entkernte Oliven ❖ 2 EL saure Sahne ❖ 1 EL süße Sahne ❖ 2 EL gehackter Dill ❖ 1 TL Estragonblättchen ❖ Kurkuma ❖ Meersalz ❖ Pfeffer aus der Mühle

Zubereitung

- Avocados waschen, trockentupfen, längs halbieren, Kerne entfernen und mit Limonensaft beträufeln. Garnelen unter fließendem Wasser abwaschen und trockentupfen.
- Oliven fein würfeln, zusammen mit saurer und süßer Sahne, gehacktem Dill, Estragonblättchen, Kurkuma, Meersalz und Pfeffer gut vermischen und in die Avocadohälften geben. Darauf die Garnelen legen.

Chinakohl-Snack

Zutaten

- 2 EL kaltgepresstes Olivenöl
- 2 Scheiben Frühstücksspeck
- 1 Zwiebel
- 1 Knoblauchzehe
- 1/2 Chinakohl
- 1/8 l Gemüsebrühe
- 1 EL Sojasauce
- 1 TL Weizenvollkornmehl
- Meersalz
- frischer Pfeffer aus der Mühle
- 1 EL gehackte glatte Petersilie

Zubereitung

- Olivenöl in eine Pfanne geben und erhitzen. Frühstücksspeck in dünne Streifen schneiden, in der Pfanne auslassen. Zwiebel und Knoblauchzehe schälen, fein würfeln und zu dem Speck geben.
- Chinakohl putzen, Strunk entfernen, waschen, abtropfen lassen, in dünne Streifen schneiden und ebenfalls in die Pfanne geben. Gemüsebrühe und Sojasauce dazugießen.
- Mit etwas Weizenvollkornmehl bestäuben, mit Meersalz und Pfeffer würzen, alles gut vermischen. Zugedeckt bei kleiner Hitze ca. 10 Minuten garen lassen. Vor dem Servieren mit gehackter Petersilie bestreuen.

Quarkpuffer

Zutaten

- 1 Zwiebel
- 250 g Quark
- 150 g Weizenvollkornmehl
- 1 Eigelb
- 200 ml Milch
- Salz, Pfeffer
- Butterschmalz zum Backen

Zubereitung

- Die Zwiebel schälen und fein hacken. In einer Schüssel zusammen mit dem Quark, dem Mehl, den Eigelb und der Milch zu einem Teig verrühren.
- Das Ganze anschließend mit Salz und Pfeffer würzen und etwa 30 Minuten ruhen lassen.
- Butterschmalz in einer Pfanne erhitzen und die Puffer darin ausbacken.

Kartoffelsuppe französischer Art

Zutaten

- 1/2 l Gemüsebrühe
- 150 g Kartoffeln
- 1/4 Lauchstange
- 1 Knoblauchzehe
- 1 EL Tomatenmark
- 1 Eigelb
- Salz
- Pfeffer
- 1 EL Crème fraîche
- 1 EL gehackte glatte Petersilie

Zubereitung

- Gemüsebrühe in einen Kochtopf geben. Kartoffeln schälen, in kleinere Stücke schneiden und in einer Schüssel pürieren. Pürierte Kartoffeln in die Gemüsebrühe geben und erhitzen.
- Lauchstange in feine Ringe schneiden. Knoblauchzehe schälen, zerdrücken und zusammen mit den Lauchringen, dem Tomatenmark und dem Eigelb in die Suppe geben. Mit Salz und Pfeffer würzen.
- Alles gut vermischen und ca. 5 Minuten zugedeckt köcheln lassen. Vor dem Servieren Crème fraîche einrühren und mit Petersilie bestreuen. Dazu passt sehr gut Roggenweißbrot.

Rote-Bete-Suppe

Zutaten

- 1/2 Zwiebel
- 1 EL Butter
- 1/2 l Gemüsebrühe
- 250 g Rote Bete aus dem Glas
- 1 Prise Meersalz
- frischer Pfeffer aus der Mühle
- 1 EL Crème fraîche
- 2 TL Apfelmeerrettich
- 1 EL Sherry
- 1 EL gehackte Basilikumblätter

Zubereitung

- Zwiebel schälen, fein würfeln. Butter in eine Pfanne geben, erhitzen. Zwiebel darin glasig anbraten. Pfanneninhalt in die Gemüsebrühe geben. Rote Bete hinzufügen.
- Mit Meersalz, Pfeffer, Crème fraîche, Meerrettich und Sherry pikant würzen. 20 Minuten zugedeckt garen, dann mit einem Schneidstab pürieren.
- Vor dem Servieren mit Basilikumblättern bestreuen.

Fenchelsuppe

Zutaten

- 1/2 l Gemüsebrühe
- 200 g Fenchel
- 2 Eigelb
- 2 EL saure Sahne
- 2 EL fein geschnittenes Fenchelgrün
- Salz
- frischer Pfeffer aus der Mühle
- 1 EL Sonnenblumenkerne

Zubereitung

- Gemüsebrühe erhitzen. Fenchel säubern, etwas klein hacken, pürieren und in die Gemüsebrühe einrühren. Eigelb mit saurer Sahne verrühren und ebenfalls in die Suppe geben.
- Fenchelgrün waschen, trockentupfen, klein schneiden und in die Suppe geben. Mit Salz und Pfeffer würzen.
- Alles gut verrühren und zugedeckt ca. 10 Minuten bei kleiner Hitze garen.
- Vor dem Servieren mit Sonnenblumenkernen bestreuen.

Buchweizensuppe

Zutaten

- 1/2 l Gemüsebrühe
- 50 g geschroteter Buchweizen
- 5 Wirsingblätter
- 1 Zwiebel
- 1 Knoblauchzehe
- 1 Tomate
- 1 Prise Salbeipulver
- 1 TL Thymian
- Meersalz
- Pfeffer

Zubereitung

- Gemüsebrühe im Topf erhitzen. Buchweizen in die Brühe einstreuen. Kurz aufkochen lassen, dann vom Herd nehmen und ca. 10 Minuten quellen lassen.
- Wirsingblätter waschen, in feine Streifen schneiden und in die Suppe geben. Zwiebel und Knoblauchzehe schälen, fein würfeln und ebenfalls in die Suppe geben.
- Tomate häuten, halbieren, Stielansatz entfernen, Kerne entfernen, Tomatenfleisch klein würfeln und in die Suppe geben. Mit Salbeipulver, Thymianblättchen, Meersalz und Pfeffer würzen.
- Mit einem Pürierstab kurz pürieren. Ca. 10 Minuten zugedeckt bei schwacher Hitze garen lassen.

Forellensuppe

Zutaten

❖ 1 EL Butter ❖ 1 EL Weizenvollkornmehl ❖ 1/2 l Fischfond ❖ 1 geräuchertes Forellenfilet ❖ 1 EL Crème fraîche ❖ Salz ❖ Pfeffer ❖ Kurkuma ❖ 1 EL geschlagene Sahne ❖ 1 EL gehackte Estragonblättchen ❖ 1 kleines Stück frischer Meerrettich

Zubereitung

- Butter und Mehl in eine Pfanne geben, erhitzen und gut vermengen. Fischfond unter ständigem Rühren in die Pfanne geben. Kurz aufkochen lassen, dann 10 Minuten zugedeckt sanft köcheln lassen.
- Forellenfilet in kleine Stücke teilen, in die Pfanne geben. Mit Crème fraîche, Salz, Pfeffer und Kurkuma würzen. Verrühren und zugedeckt weitere 10 Minuten köcheln lassen. Vor dem Servieren auf jede Portion ein Sahnehäubchen setzen. Mit Estragon und frisch geriebenem Meerrettich verzieren.

Spargelsuppe

Zutaten

❖ 500 g weißer Spargel ❖ 1 Zwiebel ❖ 1 EL Distelöl ❖ Meersalz ❖ Pfeffer ❖ 2 EL Weißwein ❖ 1/2 l Gemüsebrühe ❖ 1 EL Crème fraîche ❖ 2 EL gehackte glatte Petersilie ❖ 1/2 EL Apfelessig ❖ Cayennepfeffer ❖ 1 EL frische Korianderblättchen

Zubereitung

- Spargel schälen und in kleinere Stücke schneiden. Zwiebel schälen, fein würfeln. Distelöl in eine Pfanne geben und erhitzen. Spargelstücke und Zwiebel im heißen Fett kurz dünsten, salzen und pfeffern.
- Weißwein, Gemüsebrühe, Crème fraîche, Petersilie, Apfelessig, 1 Prise Cayennepfeffer und Pfanneninhalt in einen Kochtopf geben. Suppe mit einem Schneidstab pürieren, auf den Herd stellen und bei kleiner Hitze ca. 15 Minuten köcheln lassen. Mit gewaschenen Korianderblättchen dekorieren.

Bohnensuppe

Zutaten

- 100 g grüne Bohnen
- 100 g Zucchini
- 100 g Zuckerschoten
- 2 Tomaten
- 2 Schalotten
- 1/2 l Gemüsebrühe
- 50 g Röhrennudeln
- Salz
- Pfeffer
- 1 Prise Kurkuma
- 1 Prise Cayennepfeffer
- 1 EL gehackte glatte Petersilie

Zubereitung

- Bohnen, Zucchini und Zuckerschoten säubern, in mundgerechte Stücke schneiden und in einen Kochtopf geben. Tomaten häuten, halbieren, Stielansätze herausschneiden, Kerne entfernen. Tomatenfleisch klein würfeln, zusammen mit geschälten, fein gewürfelten Schalotten in den Kochtopf geben.
- Gemüsebrühe dazugeben und zugedeckt ca. 30 Minuten köcheln lassen. Nudeln hinzufügen. Mit Salz, Pfeffer, Kurkuma und Cayennepfeffer abschmecken. Weitere 10 Minuten köcheln lassen, bis die Nudeln „al dente“ sind. Vor dem Servieren mit gehackter Petersilie bestreuen.

Zwiebelcremesuppe

Zutaten

❖ 500 g Zwiebeln ❖ 1 EL Butter ❖ 1 EL Weizenvollkornmehl ❖ 1 EL Weißwein ❖ 1/8 l Gemüsebrühe ❖ 2 EL süße Sahne ❖ Meersalz ❖ Pfeffer ❖ Cayennepfeffer ❖ eine Prise Muskatnuss ❖ 1 EL gehackte glatte Petersilie ❖ 1 TL mildes Paprikapulver

Zubereitung

- Zwiebeln schälen, grob hacken. Butter in eine Pfanne geben, erhitzen, Zwiebelstücke darin glasig dünsten. Mit Mehl bestäuben und mit Weißwein ablöschen.
- Gemüsebrühe hinzugeben, ca. 30 Minuten zugedeckt köcheln. Sahne hinzufügen, mit Salz, Pfeffer, Cayennepfeffer und Muskatnuss würzen, kurz aufkochen lassen. Vor dem Servieren mit Petersilie und Paprikapulver bestreuen.

Tomatencremesuppe

Zutaten

❖ 1 Zwiebel ❖ 1 Knoblauchzehe ❖ 1 EL Olivenöl ❖ 250 g Tomaten ❖ 1/2 Bund gehackte Petersilie ❖ Salz ❖ Pfeffer ❖ je 1 EL gehackte Oregano- und Thymianblättchen ❖ 1/2 l Gemüsebrühe ❖ 1 Prise Zucker ❖ 50 g Naturreis ❖ 1 EL Crème fraîche ❖ 1 EL Gin

Zubereitung

- Zwiebel und Knoblauchzehe schälen, fein würfeln. Olivenöl in einer Pfanne erhitzen, Zwiebel- und Knoblauchwürfel darin glasig braten. Tomaten häuten, halbieren, Stielansätze herausschneiden. Tomatenfleisch klein würfeln und pürieren.
- Zwiebel, Knoblauch, Tomatenpüree, Petersilie, Salz, Pfeffer, Oregano- und Thymianblättchen, Gemüsebrühe, 1 Prise Zucker und Naturreis in einen Kochtopf geben. Vermischen und zugedeckt ca. 25 Minuten köcheln lassen. Vor dem Servieren Crème fraîche und Gin einrühren.

Zwiebelsuppe mit Sahnehäubchen

Zutaten

- 250 g Zwiebeln
- 1 Knoblauchzehe
- 20 g Butter
- 30 g Mehl
- 1/2 l Gemüsebrühe
- 6 EL frische, gehackte Kräuter (Petersilie, Schnittlauch, Basilikum, Kerbel)
- Salz
- Pfeffer
- 1 Scheibe Brot
- 2 EL süße Sahne

Zubereitung

- Zwiebeln und Knoblauch schälen und fein hacken, in Butter andünsten. Mehl darüber streuen und unter Rühren anschwitzen, mit der Gemüsebrühe ablöschen.
- Suppe aufkochen und einige Minuten ziehen lassen. Kräuter in die Suppe geben, dabei etwas Petersilie als Dekoration aufbewahren. Suppe pürieren, salzen und pfeffern.
- Brot rösten und würfeln. Sahne steif schlagen. Suppe auf Teller verteilen und mit einem Sahnehäubchen dekorieren. Restliche Petersilie darüber streuen.

Sauerkrautsuppe mit Kabanossi

Zutaten

- 80 g durchwachsener Räucherspeck
- 1 kleine Zwiebel
- 1 Knoblauchzehe
- 0,4 l Fleischbrühe
- 200 g Sauerkraut
- 100 g Kassler
- 1/4 grüne Paprikaschote
- 1/2 EL edelsüßes Paprikapulver
- Tabasco
- Salz
- 100 g Kabanossi
- 1 EL saure Sahne

Zubereitung

- Räucherspeck fein würfeln und in einem größeren Kochtopf anbraten. Zwiebel und Knoblauchzehe schälen, klein schneiden, dazugeben und glasig dünsten. Mit Fleischbrühe auffüllen und zum Kochen bringen.
- Sauerkraut und klein gewürfeltes Kassler hinzugeben und die Suppe zugedeckt ca. 30 Minuten köcheln lassen.
- Paprikaschote putzen, waschen und in sehr dünne Streifen schneiden, zur Suppe geben. Mit Paprikapulver, Tabasco und etwas Salz würzig abschmecken.
- Die Kabanossi in dünne Scheiben schneiden, zufügen und bei schwacher Hitze ca. 10 Minuten ziehen lassen. Suppe auf Teller verteilen und jeweils mit einem Klecks saurer Sahne dekorieren.

Tipp:

Die Suppe ist zu dünn

Je nach Art der Suppe bieten sich mehrere Möglichkeiten an, die Suppe dickflüssiger zu machen. Man kann sie z. B. mit in kalter Flüssigkeit angerührter Speisestärke oder mit einem Mehl-Butter-Gemisch binden. Dabei verwendet man etwa 20 g Mehl und die gleiche Menge Butter. Man kann auch ein wenig Kartoffelpüree-Flocken oder Grieß hineinstreuen.

Sauerkrautsuppe mit Paprika

Zutaten

- 1/2 rote Paprikaschote
- 2 Scheiben Frühstücksspeck
- 1/2 Zwiebel
- 1 Knoblauchzehe
- 2 EL kaltgepresstes Olivenöl
- 150 g frisches Sauerkraut
- 1 Prise Kümmelpulver
- 1 Prise Currypulver
- Salz
- frischer Pfeffer aus der Mühle
- 1 Prise Zucker
- 1/2 l Gemüsebrühe
- 1 EL saure Sahne

Zubereitung

- Paprikaschote putzen und klein würfeln. Frühstücksspeck in dünne Streifen schneiden. Zwiebel und Knoblauchzehe schälen und fein hacken.
- Olivenöl in eine Pfanne geben und erhitzen. Paprikaschote, Speck, Zwiebel und Knoblauchzehe darin kurz anbraten.
- Alles zusammen mit dem Sauerkraut in einen Kochtopf geben. Mit Kümmel- und Currypulver, Salz, Pfeffer und Zucker würzen. Sorgfältig vermischen.
- Gemüsebrühe darüber gießen und zugedeckt ca. 30 Minuten köcheln lassen. Mit einem Schneidstab pürieren.
- Vor dem Servieren mit einem Klecks saurer Sahne verzieren.

Kalte Gurkensuppe

Zutaten

- 1 Salatgurke
- 500 g Jogurt
- 50 ml Sahne
- 1 Knoblauchzehe
- Salz
- schwarzer Pfeffer
- 1/2 Bund Dill

Zubereitung

- Die Salatgurke schälen, der Länge nach halbieren und die Kerne mit einem Löffel herausschaben. Die Hälften in dünne Streifen schneiden.
- Den Jogurt und die Sahne verquirlen, die Gurke unterheben.
- Die Knoblauchzehe schälen und durchdrücken. Mit Salz und Pfeffer an die Suppe geben.
- Die Suppe kühl stellen. Zum Servieren mit dem fein gehackten Dill bestreuen.

Rindersteaks mit Egerlingen

Zutaten

- 4 kleine Scheiben Rindersteak (je etwa 80 g)
- frischer Pfeffer aus der Mühle
- Saft von 1 Zitrone
- 150 g Egerlinge
- 2 EL kaltgepresstes Olivenöl
- 1/2 Bund gehackte Petersilie
- Meersalz
- 1 TL frische Oreganoblättchen

Zubereitung

- Rindersteaks auf beiden Seiten mit Pfeffer würzen. In Zitronensaft legen und abgedeckt ca. 1 Stunde ziehen lassen. Egerlinge putzen, in dünne Scheiben schneiden.
- Olivenöl in einer Pfanne erhitzen, Egerlinge und Petersilie hineingeben, kurz anbraten lassen. Fleisch aus der Marinade nehmen, trockentupfen und ebenfalls in der Pfanne kurz anbraten.
- Mit Marinade ablöschen. Mit Meersalz und etwas Pfeffer würzen. Zugedeckt ca. 5 Minuten schmoren lassen.
- Vor dem Servieren dekorativ mit Oreganoblättchen bestreuen und möglichst heiß servieren.

Marsala-Kalbsschnitzel

Zutaten

- 2 Kalbsschnitzel (je 150 g)
- 2 EL Distelöl
- 1 Knoblauchzehe
- 2 Schalotten
- 90 ml Marsala
- 1 Prise getrockneter Salbei
- 1 Prise Meersalz
- frischer Pfeffer aus der Mühle

Zubereitung

- Kalbsschnitzel flach klopfen. Distelöl in einer Pfanne erhitzen, Fleisch darin von beiden Seiten anbraten. Knoblauchzehe und Schalotten schälen, fein würfeln und ebenfalls in die Pfanne geben. Mit Marsala ablöschen.
- Salbei, Meersalz und Pfeffer hinzufügen. Zugedeckt ca. 5 Minuten köcheln lassen.
- Dazu passt sehr gut Wildreis oder zartes Zucchini-Gemüse.

Hähnchen mit Minze

Zutaten

- 2 Hähnchenkeulen
- Meersalz
- Saft von 1 Limone
- 1 Schalotte
- 1 Knoblauchzehe
- 10 g frischer Ingwer
- 200 g Magerjogurt
- 1 TL Chilipulver
- 1 TL mildes Paprikapulver
- 1 TL indische Gewürzmischung
- 1 EL frische, gehackte Minzeblättchen
- 1/4 Salatgurke, frischer Pfeffer aus der Mühle
- 1 EL frische Korianderblättchen

Zubereitung

- Hähnchenkeulen unter fließendem Wasser abwaschen, trockentupfen, salzen und mit Limettensaft beträufeln.
- Schalotte und Knoblauchzehe schälen, fein hacken.
- Ingwer schälen, fein reiben.
- Jogurt mit den Gewürzen, der Schalotte, der Knoblauchzehe und dem Ingwer gut vermischen.
- Über die Hähnchenkeulen geben und zugedeckt ca. 1 Stunde ziehen lassen.
- Aus der Marinade nehmen, anhaftende Marinade von den Hühnerkeulen entfernen.
- Fleisch auf ein mit Aluminiumfolie bedecktes Backblech legen.
- Im vorgeheizten Backofen bei 200 Grad ca. 35 Minuten braten.
- Minzeblättchen in die Marinade geben. Salatgurke schälen, entkernen, klein würfeln und ebenfalls in die Marinade geben. Mit Salz und Pfeffer herzhaft würzen.
- Alles gut verrühren und vor dem Servieren mit den gewaschenen Korianderblättchen bestreuen. Marinade zu den Hähnchenkeulen reichen.

Tipp:

Eine Marinade macht Fleisch und Fisch würzig und gleichzeitig zart. Lassen Sie das marinierte Fleisch gut durchziehen!

Rindfleisch-Curry

Zutaten

- 300 ml ungesüßte Kokosmilch
- 1 TL rote Currypaste
- 300 g Rinderhüftsteaks
- 150 g Bambussprossen
- 1/2 rote Paprikaschote
- 3 Zitronenblätter
- 1 TL Palmzucker
- 6 EL Gemüsebrühe
- abgeriebene Schale von 1/2 unbehandelten Zitrone
- 1 EL frische Korianderblättchen

Zubereitung

- In einem breiten Kochtopf Kokosmilch mit Currypaste bei mittlerer Hitze köcheln lassen. Rindfleisch in dünne Streifen schneiden. Bambussprossen in einem Sieb kalt abspülen, kurz abtropfen lassen und in dünne Streifen schneiden.
- Beides in die Kokosmilch geben und ca. 5 Minuten köcheln lassen. Paprikaschote putzen, waschen, in kleine Würfel schneiden und mit Zitronenblättern, Palmzucker, Brühe und Zitronenschale in den Kochtopf geben. Ca. 10 Minuten köcheln lassen.
- Vor dem Servieren mit Korianderblättchen bestreuen.

Gulasch für Eilige

Zutaten

- 250 g Rinderfilet
- 1 Zwiebel
- 1 EL Butter
- 1/2 TL Paprikapulver
- Kurkuma
- Salz
- Pfeffer
- 1 EL gehackte Petersilie

Zubereitung

- Rinderfilet in kleine Würfel schneiden. Zwiebel schälen, fein würfeln. Butter in einer Pfanne erhitzen. Fleisch und Zwiebel hineingeben und bei starker Hitze unter ständigem Rühren 2 Minuten braten. Paprikapulver, etwas Kurkuma, Salz und Pfeffer hinzugeben. Mit 3 EL Wasser ablöschen.
- Ca. 2 Minuten kochen lassen. Vor dem Servieren Petersilie über das Gericht streuen.
- Dazu passen besonders gut frisches Baguette, Knödel oder Makkaroni.

Putenrouladen

Zutaten

❖ 1 Bund Suppengemüse ❖ 1 Knoblauchzehe ❖ 2 dünne Scheiben Putenbrustfilet ❖ Meersalz ❖ etwas Pfeffer ❖ 2 dünne Scheiben Edamer ❖ 4 getrocknete Aprikosen ❖ 1 EL Sonnenblumenöl ❖ 1/8 l Gemüsebrühe ❖ 2 EL trockener Weißwein ❖ 1 EL gehackte Petersilie

Zubereitung

- Suppengemüse putzen, waschen, fein würfeln. Knoblauchzehe schälen und klein hacken. Putenbrustfilet waschen, trockentupfen, mit Salz und Pfeffer würzen.
- Käsescheiben und Aprikosen darauf legen, zusammenrollen und mit Holzspießchen zusammenstecken.
- Rouladen in heißem Öl von allen Seiten kräftig anbraten. Suppengemüse und Knoblauchzehe dazugeben und kurz mitbraten lassen. Gemüsebrühe mit Weißwein und Petersilie vermengen und in die Pfanne geben.
- 40 Minuten zugedeckt bei mittlerer Hitze schmoren lassen. Dazu passt Wildreis.

Schweizer Geschnetzeltes

Zutaten

- **250 g Kalbs- oder Schweineleber**
- **1 Zwiebel**
- **1 EL Butter**
- **1 TL Mehl**
- **1/2 Glas Rotwein**
- **je 1 Prise Majoran und Muskatnuss**
- **2 EL süße Sahne**
- **Salz**
- **Pfeffer**

Zubereitung

- Leber von Haut und Sehnen befreien und in kleinere Stücke schneiden. Zwiebel schälen, fein würfeln. Butter erhitzen, Leber und Zwiebel bei starker Hitze anbraten, bis die Leber nicht mehr blutig ist.
- Mehl darüber streuen, mit Wein aufgießen, Majoran und Muskatnuss dazugeben und ca. 2 Minuten kochen lassen. Sahne einrühren, nach Geschmack mit Salz und Pfeffer würzen.

Medaillons mit Kürbisgemüse

Zutaten

❖ 400 g Kürbisfruchtfleisch ❖ 2 EL Olivenöl ❖ Meersalz ❖ Pfeffer ❖ Saft von 1 unbehandelten Orange ❖ 1/8 l Gemüsebrühe ❖ 2 Zweige Thymian ❖ 1 Prise Zucker ❖ 1 TL gehackte Petersilie ❖ 300 g Schweinefilet ❖ abgeriebene Schale von 1 unbehandelten Limone

Zubereitung

- Kürbis würfeln. Kürbis in 1 EL heißem Olivenöl andünsten. Mit Salz und Pfeffer würzen. Orangensaft, Gemüsebrühe, Thymian und Zucker zufügen. Ca. 10 Minuten garen lassen. Petersilie dazugeben.
- Schweinefilet kurz abwaschen, trockentupfen und in kleine Stücke schneiden, salzen und pfeffern.
- Das restliche Olivenöl in einer Pfanne erhitzen. Schweinefilet darin von jeder Seite ca. 3 Minuten braten.
- Fleisch mit Kürbisgemüse anrichten und vor dem Servieren mit Limonenschale bestreuen.

Salbeileber

Zutaten

- **200 g Kalbs- oder Schweineleber**
- **1 große Zwiebel**
- **2 EL Erdnussöl**
- **etwas Mehl**
- **1 Prise Salz**
- **1/2 TL gehackte Salbeiblätter**
- **Paprikapulver, weißer Pfeffer aus der Mühle**

Zubereitung

- Leber waschen, gut trockentupfen und in kleine Streifen schneiden. Zwiebel schälen und ganz fein würfeln.
- Erdnussöl in einer Pfanne stark erhitzen, Fleisch und Zwiebel darin kurz anbraten. Mehl, Salz, Salbeiblätter dazugeben, gut vermischen und bei kleiner Hitze unter ständigem Rühren ca. 5 Minuten braten lassen.
- Vor dem Servieren mit Paprikapulver und etwas weißem Pfeffer bestreuen. Dazu passt Naturreis oder Kartoffelpüree.

Chinesisches Reisgericht

Zutaten

❖ 125 g Naturreis ❖ 1/4 l Gemüsebrühe ❖ 100 g Putenbrustfilet ❖ 1 EL Sojasauce ❖ 1 Bund Frühlingszwiebeln ❖ 100 g Sojasprossen ❖ 1 Möhre ❖ 1 rote Paprikaschote ❖ 1 TL Olivenöl ❖ 1/2 TL Sesamöl ❖ Salz ❖ Pfeffer ❖ 4 Kirschtomaten

Zubereitung

- Reis in der Gemüsebrühe ca. 20 Minuten gar kochen, abgießen. Putenfleisch abwaschen, trockentupfen, in feine Streifen schneiden, mit Sojasauce beträufeln und zugedeckt ca. 10 Minuten marinieren.
- Frühlingszwiebeln waschen, in dünne Ringe schneiden. Sojasprossen abspülen, abtropfen lassen. Möhre waschen, schälen und grob raspeln. Paprikaschote putzen, waschen, würfeln.
- Beide Öle erhitzen. Abgetropftes Putenfleisch darin anbraten. Paprika und Möhre dazugeben und unter Rühren mitbraten. Nach ca. 4 Minuten Frühlingszwiebeln und Sojasprossen dazugeben und den Reis unterheben, salzen und pfeffern. Kirschtomaten waschen, trockentupfen, vierteln und vor dem Servieren auf dem Reisgericht verteilen.

Lammkoteletts mit Kräuterbutter

Zutaten

❖ 2 Lammkoteletts
❖ Salz, Pfeffer
❖ 1 Stängel Thymian
❖ 3 EL Butter
❖ 2 Knoblauchzehen
❖ 2 EL gehackte Petersilie

Zubereitung

- Lammkoteletts mit Salz, Pfeffer und Thymianblättchen würzen. Koteletts in 1 EL Butter auf jeder Seite ca. 5 Minuten braten. Knoblauchzehen schälen, fein würfeln.
- Mit 2 EL weicher Butter, Petersilie, Salz und Pfeffer vermischen, zu einer Rolle formen und in Aluminiumfolie eingepackt für einige Minuten ins Gefrierfach legen. Koteletts auf zwei Teller geben, mit der in Scheiben geschnittenen Kräuterbutter dekorieren und sofort servieren.

Hähnchen mit Limette

Zutaten

- 2 Hähnchenschenkel (je ca. 300 g)
- 1 kleiner Zweig frischer Rosmarin
- Saft von 1 unbehandelten Limone
- 2 EL Olivenöl
- frischer Pfeffer aus der Mühle
- 3 Knoblauchzehen
- 150 g Schalotten
- 1 Prise Meersalz
- 1 Prise Kreuzkümmel

Zubereitung

- Hähnchenschenkel abwaschen, trockentupfen. Rosmarinnadeln vom Zweig zupfen. Limonensaft mit 1 EL Olivenöl, Rosmarin und etwas Pfeffer verrühren. Hähnchenteile damit gleichmäßig bestreichen und abgedeckt ca. 1 Stunde lang marinieren.
- Knoblauchzehen und Schalotten schälen, fein würfeln, im restlichen Öl kurz anbraten, beiseite stellen.
- Hähnchenteile mit der Hautseite nach oben auf ein Backblech legen und salzen. Bei 200 Grad ca. 45 Minuten backen. Restliches Öl in einer Pfanne erhitzen und die Hähnchenteile darin auf beiden Seiten knusprig braten. Mit Kreuzkümmel bestreuen.

Hähnchenbrust im Speckmantel

Zutaten

- 2 Hähnchenbrüste
- 100 g durchwachsener Speck
- 60 g Ricotta
- Salz
- Pfeffer
- Cayennepfeffer
- 2 Scheiben roher Schinken
- 2 EL Rosmarinöl
- 1 EL gehackte Petersilie

Zubereitung

- Hähnchenbrüste kurz abspülen und trockentupfen. Speck klein würfeln und mit Ricotta vermischen. Mit Salz, Pfeffer und etwas Cayennepfeffer würzen.
- Hähnchenbrüste an der Seite aufschlitzen, Speckfüllung hineingeben. Jede Hähnchenbrust mit einer Scheibe Schinken umwickeln und in eine Auflaufform setzen. Mit Rosmarinöl beträufeln und im vorgeheizten Ofen bei 200 Grad 20 Minuten braten. Vor dem Servieren mit Petersilie bestreuen.

Lammkoteletts in pikanter Sauce

Zutaten

- 500 g Lammkoteletts
- 150 g Tomaten
- 1 Zwiebel
- 1 Knoblauchzehe
- 2 EL Olivenöl
- etwas Chilipulver
- 1 Lorbeerblatt
- Rosmarinpulver
- 1/8 l Weißwein
- Pfeffer, Salz
- 100 g entkernte schwarze Oliven

Zubereitung

- Koteletts auf beiden Seiten salzen. Tomaten häuten, halbieren, Stielansätze herausschneiden, Kerne entfernen. Tomatenfleisch klein würfeln.
- Zwiebel und Knoblauchzehe schälen, fein würfeln. Koteletts in heißem Öl von beiden Seiten kurz anbraten, herausnehmen und warm stellen.
- Zwiebel und Knoblauch in den Bratfond geben, kurz anbraten. Tomatenwürfel hinzufügen, mit Chilipulver, Lorbeerblatt, Rosmarinpulver, Weißwein und Pfeffer abschmecken, ca. 10 Minuten köcheln lassen. Schwarze Oliven hacken und dazugeben. Koteletts in die Sauce legen und weitere 5 Minuten köcheln lassen.

Kalbsbraten mit Kapernsauce

Zutaten

- 300 g Kalbsnuss
- 1 EL Vollkornmehl
- Salz, Pfeffer
- 1 Möhre
- 2 Schalotten
- 1 Knoblauchzehe
- 3 EL Olivenöl
- 1/2 Bund gehackte Petersilie
- Saft von 1/2 Zitrone
- 2 EL Weißwein
- 1/8 l Fleischbrühe
- 1 EL Kapern

Zubereitung

- Fleisch mit Vollkornmehl bestäuben, salzen und pfeffern. Möhre waschen, putzen, klein würfeln. Schalotten und Knoblauchzehe schälen, beides fein würfeln.
- Kalbfleisch, Möhre, Schalotten, Knoblauch und die Hälfte der Petersilie in einem Bräter mit heißem Öl kurz anbraten. Mit Salz und Pfeffer würzen.
- Zitronensaft, Weißwein und Fleischbrühe angießen. Kapern hinzufügen und zugedeckt ca. 1 1/2 Stunden schmoren lassen. Vor dem Servieren Braten in dünne Scheiben schneiden, mit Petersilie bestreuen.

Risotto auf sardische Art

Zutaten

- 1 kleine Zwiebel
- 150 g Tomaten
- 2 EL kaltgepresstes Olivenöl
- 100 g Schweinehackfleisch
- 1/4 l trockener Rotwein
- 1 Msp. Safran
- Kreuzkümmel
- Salz
- frischer Pfeffer aus der Mühle
- 150 g Risotto-Reis
- 20 g Butter
- 1 Stängel frischer Oregano

Zubereitung

- Zwiebel schälen, fein würfeln. Tomaten mit kochendem Wasser übergießen, kurz stehen lassen, dann häuten. Tomaten halbieren, Stielansätze herausschneiden, Kerne mit einem Löffel entfernen. Tomatenfleisch würfeln. 1 EL Olivenöl in einem Kochtopf erhitzen. Zwiebel darin glasig braten.
- Hackfleisch untermischen, dabei mit einer Gabel gleichmäßig zerdrücken. Bei mittlerer Hitze ca. 5 Minuten unter Rühren anbraten, mit Rotwein ablöschen. Tomaten dazugeben und aufkochen lassen. Safran und Kreuzkümmel in 2 EL Wasser verrühren, hinzufügen. Mit Salz und Pfeffer würzen, beiseite stellen.
- In einem weiteren Kochtopf das restliche Olivenöl erhitzen, Reis darin glasig braten, dann unter die Fleisch-Tomaten-Sauce rühren, bei schwacher Hitze köcheln lassen.
- 350 ml heißes Wasser nach und nach unter den Reis rühren. In ca. 35 Minuten fertig garen. Butter unter den Reis mischen. Oregano waschen, trockenschütteln, Blättchen hacken und über das Gericht streuen.

Tipp:

Reis ist gesund! Er enthält essenzielle Stoffe wie z. B. Vitamin B und hat zusätzlich eine entwässernde Wirkung.

Risotto Mailänder Art

Zutaten

- **1 kleine Zwiebel**
- **1/2 l Fleischbrühe**
- **1 Markknochen**
- **50 g Butter**
- **200 g Risotto-Reis**
- **1/4 l trockener Weißwein**
- **1 Prise Meersalz**
- **2 Döschen Safran**
- **1 EL süße Sahne**
- **Pfeffer**
- **50 g geriebener Parmesankäse**

Zubereitung

- Zwiebel schälen, fein würfeln.
- Fleischbrühe mit Markknochen ca. 5 Minuten kochen lassen.
- Zwiebeln in 30 g Butter im Topf bei schwacher Hitze andünsten.
- Reis dazugeben, so lange rühren, bis die Körner glasig sind, mit Weißwein ablöschen, Flüssigkeit verdampfen lassen.
- Nach und nach die heiße Brühe angießen, Risotto salzen, ohne Deckel bei mittlerer Hitze 20 Minuten köcheln lassen, regelmäßig umrühren.
- Safran in 1 EL Wasser auflösen und in den Reis geben.
- Mark aus dem Knochen schaben, mit einer Gabel zerdrücken und unter den Reis mischen.
- Bei mittlerer Hitze unter Rühren weitere 5 Minuten kochen. Dann Sahne und restliche Butter untermischen, pfeffern. Parmesan über das Gericht streuen.

Weintrauben-Rebhuhn

Zutaten

- 2 junge Rebhühner mit Lebern
- Salz, frischer Pfeffer aus der Mühle
- 6 zerdrückte Wacholderbeeren
- 50 g Butter
- 2 Scheiben Speck
- 1/8 l süße Sahne
- je 6 blaue und grüne Weintrauben
- 1 EL gehackte Brunnenkresse

Zubereitung

- Backofen vorheizen. Gewaschene und trocken getupfte Rebhühner mit etwas Salz und Pfeffer einreiben. Die Lebern der Rebhühner mit einer Gabel zerdrücken und mit Wacholderbeeren und 20 g Butter vermischt, in die Rebhühner füllen. Jedes Rebhuhn mit 1 Scheibe Speck umwickeln.
- Restliche Butter in einem Bräter erhitzen, Rebhühner von allen Seiten darin anbraten. In den Backofen schieben und regelmäßig mit Bratfond begießen. Ca. 15 Minuten braten.
- Rebhühner aus dem Bräter nehmen, Bratfond mit süßer Sahne aufgießen und leicht einkochen lassen.
- Trauben halbieren, Kerne entfernen und in der Sauce heiß werden lassen.
- Vor dem Servieren mit frischer Brunnenkresse dekorieren.

Hackfleisch mit Möhren

Zutaten

- 1 Zwiebel
- 2 TL Distelöl
- 250 g Rinderhack
- 4–5 Möhren
- Kräutersalz
- gehackte Kräuter, z. B. Thymian, Petersilie

Zubereitung

- Die Zwiebel würfeln und in der Margarine dünsten. Die Möhren waschen, putzen und zerkleinern.
- Die Zwiebeln und die Möhren mit dem Hackfleisch mischen, mit dem Salz und den gehackten Kräutern würzen. Anschließend die Masse in eine Auflaufform geben und bei mäßiger Hitze gar dämpfen.

Kalbshaxe italienischer Art

Zutaten

- 2 große Scheiben Kalbshaxe (je ca. 350 g)
- 1 Zwiebel
- 1 Möhre
- 3 Stängel Staudensellerie
- 3 Knoblauchzehen
- 10 g Butter
- Salz
- frischer Pfeffer
- 1 EL Mehl
- 2 EL Olivenöl
- 3 EL trockener Weißwein
- 1/8 l Fleischbrühe
- 1 TL gehackte gemischte Kräuter
- 1 Lorbeerblatt
- 3 EL geschälte Tomaten
- 1/2 Bund gehackte Petersilie
- abgeriebene Schale von 1 unbehandelten Zitrone

Zubereitung

- Kalbshaxenscheiben gründlich mit einem feuchten Tuch abreiben. Zwiebel und Möhre schälen, Sellerie putzen und alles fein würfeln. 2 Knoblauchzehen schälen, fein würfeln. Butter in einem großen Kochtopf erhitzen, Gemüse ca. 10 Minuten darin leicht anbräunen.
- Kalbshaxenscheiben mit einem Garn rund binden. Mit Salz und Pfeffer würzen, in Mehl wenden. Olivenöl in einer Pfanne erhitzen, Kalbshaxenscheiben von beiden Seiten kräftig anbraten und auf das Gemüse legen.
- Weißwein, Brühe, gemischte Kräuter, Lorbeerblatt und Tomaten dazugeben. Zugedeckt bei kleiner Hitze ca. 1 1/2 Stunden köcheln lassen.
- Restliche Knoblauchzehe schälen, fein würfeln. Mit Petersilie und Zitronenschale vermischen und vor dem Servieren über das Gericht streuen.

Tipp:

Sollte die Haxe nicht gar werden, schneiden Sie sie in kleine Stücke und servieren sie mit viel Sauce!

Fernöstliches Putengericht

Zutaten

❖ 400 g Putenfleisch ❖ 2 Frühlingszwiebeln ❖ 1 rote Peperoni ❖ 1 EL Erdnussöl ❖ 1 EL gehackter Ingwer ❖ 1 EL gehacktes Zitronengras ❖ 400 ml ungesüßte Kokosmilch ❖ 1/8 l Gemüsebrühe ❖ 1 TL Currypaste ❖ 1 EL Kurkuma ❖ 2 EL Limonensaft ❖ Salz

Zubereitung

- Putenfleisch in Streifen schneiden. Frühlingszwiebeln putzen, waschen, schräg in kleine Stücke schneiden. Peperoni längs halbieren, Kerne entfernen, waschen und sehr fein schneiden.
- Fleisch in einer hohen Pfanne mit Erdnussöl unter Rühren kurz anbraten. Ingwer, Zitronengras und Frühlingszwiebeln in die Pfanne geben. Kokosmilch und Gemüsebrühe angießen. Peperoni, Currypaste, Kurkuma und Limonensaft unter das Gericht rühren, salzen. Zugedeckt ca. 10 Minuten bei kleiner Hitze köcheln lassen.

Kokoshähnchen

Zutaten

❖ 2 Hähnchenbrustfilets (je ca. 150 g) ❖ Salz ❖ Pfeffer ❖ 2 EL Mehl ❖ 1 Ei ❖ 40 g Kokosflocken ❖ 2 EL Butter ❖ 1 TL Currypulver ❖ 1 EL Weizenmehl ❖ 150 ml heller Traubensaft ❖ Cayennepfeffer ❖ je 40 g grüne und blaue Weintrauben ❖ 1 TL süße Sahne

Zubereitung

- Hähnchenbrustfilets waschen und trockentupfen, salzen und pfeffern. In Mehl, dann in verquirltem Ei wenden, Kokosflocken andrücken. Hähnchenbrustfilets in 1 EL Butter anbraten, dabei mehrmals wenden.
- Für die Sauce restliche Butter in einem Kochtopf zerlassen, Currypulver und Weizenmehl einstreuen. Traubensaft angießen und aufkochen, bis die Sauce sämig wird. Mit Salz und Cayennepfeffer abschmecken.
- Trauben waschen, halbieren, entkernen und in die fertige Sauce geben, nicht mehr kochen lassen. Sahne einrühren und zu den Hähnchenfilets servieren.

Rouladen mit Sardellen

Zutaten

- 3 Essiggurken
- 1 Gemüsezwiebel
- 4 Sardellenfilets
- 4 TL Kapern
- 2 Rinderrouladen
- Meersalz
- frischer Pfeffer aus der Mühle
- 6 TL scharfer Senf
- 3 EL Sonnenblumenöl
- 1/8 l Gemüsebrühe
- 2 EL süße Sahne
- 1 TL Weizenvollkornmehl
- 1 EL Petersilie

Zubereitung

- Essiggurken in kleine Würfel schneiden. Gemüsezwiebel schälen, fein würfeln.
- Sardellenfilets in kleine Stückchen schneiden und alles zusammen mit den Kapern in einer Schüssel vermischen.
- Rinderrouladen unter fließendem Wasser kurz abwaschen, trockentupfen und nebeneinander ausbreiten. Mit Meersalz und Pfeffer bestreuen. Rouladen jeweils mit 2 TL Senf bestreichen. Die Hälfte der Gurken-Zwiebel-Mischung darauf geben.
- Die Längsseiten der Rouladen leicht nach innen einschlagen, Fleisch vorsichtig aufrollen und mit Holzspießchen feststecken.
- Sonnenblumenöl in einer Pfanne erhitzen. Rouladen ca. 5 Minuten von allen Seiten anbraten.
- Restliche Gurken-Zwiebel-Mischung dazugeben und 4 Minuten mitbraten.
- Mit Gemüsebrühe ablöschen, zugedeckt bei kleiner Hitze ca. 50 Minuten schmoren lassen.
- Rouladen herausnehmen, süße Sahne mit Weizenvollkornmehl vermischen, in die Sauce einrühren und kurz aufkochen lassen.
- Restlichen Senf in die Sauce geben. Mit Meersalz und etwas Pfeffer herzhaft würzen.
- Petersilie waschen, trockenschütteln und hacken. Vor dem Servieren das Gericht damit bestreuen.

Pilzlasagne

Zutaten

- je 150 g Austernpilze, Pfifferlinge und Egerlinge
- 2 EL Olivenöl
- 2 Frühlingszwiebeln
- Salz
- Pfeffer
- 150 g Rinderhackfleisch
- 150 g Tomaten
- 40 g Butter
- 25 g Mehl
- 1/4 l Magermilch
- 100 g geriebener Emmentaler
- 1 Msp. Muskatnuss
- 6 Lasagneblätter

Zubereitung

- Pilze trocken putzen, eventuell kleiner schneiden. 1 EL Olivenöl in einer Pfanne erhitzen.
- Zwiebeln schälen, in Ringe schneiden und im Olivenöl andünsten. Pilze zugeben und braten, bis die Flüssigkeit verdunstet ist. Mit Salz und Pfeffer würzen.
- Hackfleisch im restlichen Olivenöl ca. 5 Minuten unter ständigem Rühren braten, mit Salz und Pfeffer würzen.
- Tomaten waschen und Stielansatz entfernen. Tomaten in Scheiben schneiden.
- 30 g Butter schmelzen, mit Mehl und Milch verrühren, gut durchkochen lassen. Anschließend 50 g Käse einrühren, nicht mehr kochen lassen. Mit Salz, Pfeffer und Muskat würzen.
- Eine kleine Auflaufform mit der restlichen Butter einfetten. Am Anfang den Boden mit etwas Käsesauce bedecken, anschließend mit einer Lage Lasagneblätter auslegen.
- Die Pilzmischung vollständig darüber geben, mit Nudelblättern abdecken.
- Abwechselnd Käsesauce, Tomaten und Hackfleisch einschichten. Zum Schluss mit Lasagneblättern abdecken, mit restlicher Käsesauce bestreichen und mit übrigem Käse bestreuen.
- Im vorgeheizten Ofen bei 200 Grad etwa 35 Minuten backen. Wird die Lasagne vor Beendigung der Garzeit zu dunkel, mit etwas Aluminiumfolie abdecken.

Hasenrückenfilets

Zutaten

- 400 g Hasenrückenfilets
- Salz
- frischer Pfeffer aus der Mühle
- 2 EL Distelöl
- 2 EL Butterschmalz
- 1 Möhre
- 1/2 Stange Lauch
- 1 Stück Sellerie
- 4 zerdrückte Wacholderbeeren
- 1 EL Gin
- 1/8 l Rotwein
- 2 EL süße Sahne
- 300 g Pfifferlinge
- 25 g geräucherter durchwachsener Speck
- 4 Schalotten
- 2 EL Preiselbeeren

Zubereitung

- Hasenrückenfilets waschen, gut trockentupfen, mit Salz und Pfeffer würzen, mit Distelöl einpinseln. Ca. 1 Stunde abgedeckt im Kühlschrank durchziehen lassen.
- In einem Bräter Butterschmalz erhitzen, Hasenrückenfilets von allen Seiten darin anbraten.
- Das gewaschene, geputzte und klein geschnittene Gemüse hinzugeben, im Backofen bei 180 Grad ca. 8 Minuten braten, bis die Filets leicht gebräunt sind. Herausnehmen und warm stellen.
- Die Wacholderbeeren in einem kleinen Kochtopf leicht rösten, mit Gin und Rotwein ablöschen.
- Bratensatz von den Filets passieren und zusammen mit dem Rotweinansatz etwa auf die Hälfte einkochen lassen. Sahne hinzufügen, noch einmal leicht köcheln lassen.
- Pfifferlinge putzen, waschen und mit Speck- und Schalottenwürfeln dünsten. Hasenrückenfilets schräg in Scheiben schneiden, Sauce und Pfifferlinge darüber geben und mit Preiselbeeren garnieren.

Tipp:

Kleinere Fleischteile werden nicht zäh, wenn man sie bei großer Hitze kurz anbrät und bei mittlerer Hitze zu Ende gart. Größere Fleischteile bei mittlerer Hitze für längere Zeit garen.

Rindfleisch mit Mungobohnen

Zutaten

- 10 g frischer Ingwer
- 3 EL salzige Sojasauce
- 4 Minutensteaks vom Rind (je ca. 70 g)
- 4 kleine Möhren
- 1 EL Sesamöl
- 1 EL Olivenöl
- 150 g Mungobohnen
- 1 Prise Salz
- frischer schwarzer Pfeffer aus der Mühle
- 1/8 l Gemüsebrühe
- 1 TL Vollkornweizenmehl
- 2 EL Zitronenmelisse
- 1 TL gehackte Mandeln

Zubereitung

- Ingwer schälen, fein würfeln. Mit Sojasauce verrühren. Minutensteaks unter fließendem Wasser kurz abwaschen, trockentupfen, in Streifen schneiden, mit der Marinade vermengen und zugedeckt ca. 15 Minuten ziehen lassen. Möhren waschen, schälen, in dünne Stifte schneiden.
- Sesamöl mit Olivenöl verrühren, 1 EL davon in eine Pfanne geben, erhitzen und Möhren darin ca. 5 Minuten anbraten.
- Mungobohnen kurz waschen, abtropfen lassen und ca. 4 Minuten in der Pfanne mitbraten. Mit Salz und Pfeffer würzen und aus der Pfanne nehmen.
- Restliche Ölmischung in der Pfanne erhitzen und das Fleisch ca. 3 Minuten anbraten.
- Brühe angießen und das Weizenvollkornmehl unter Rühren langsam einstreuen. Gemüse dazugeben und kurz aufkochen lassen.
- Zitronenmelisse gründlich waschen, trockentupfen und vor dem Servieren zusammen mit den gehackten Mandeln über das Gericht streuen. Dazu schmeckt hervorragend Wildreis oder zartes Kohlrabigemüse.

Tipp:

Falls Sie Langkorn- und Wildreis mischen, achten Sie darauf, dass Wildreis die doppelte Garzeit wie Langkornreis benötigt.

Sardinen mit Chinakohl

Zutaten

- 4 frische küchenfertige Sardinen
- Meersalz
- Saft von 1 Zitrone
- 3 EL trockener Weißwein
- 1 kleiner Chinakohl
- 2 EL Olivenöl
- 1/2 EL Fenchelsamen
- weißer Pfeffer aus der Mühle
- 1 TL gerösteter Sesamsamen

Zubereitung

- Sardinen innen und außen salzen. Zitronensaft und Weißwein zu einer Marinade vermischen, Fisch hineinlegen und zugedeckt ca. 2 Stunden durchziehen lassen.
- Chinakohl halbieren, Strunk entfernen, Kohlblätter in dünne Streifen schneiden. Fische aus der Marinade nehmen und in heißem Öl auf jeder Seite ca. 3 Minuten braten, bis sie goldbraun sind.
- Mit Marinade ablöschen und Chinakohl dazugeben. Mit Fenchelsamen, Salz und Pfeffer abschmecken. Zugedeckt ca. 5 Minuten köcheln lassen. Vor dem Servieren mit Sesamsamen bestreuen.

Schellfisch mit buntem Gemüse

Zutaten

- 100 g Möhren
- 100 g Zucchini
- je 1/2 rote und gelbe Paprikaschote
- 1 Zwiebel
- Meersalz
- Pfeffer
- 2 geputzte Schellfischkoteletts
- Saft von 1/2 Zitrone
- 1/2 Bund gehackte Petersilie
- 4 EL Weißwein
- 1 TL Brunnenkresse

Zubereitung

- Möhren, Zucchini und Paprika putzen, waschen und in kleine Würfel schneiden. Zwiebel schälen, fein würfeln.
- Gemüsewürfel in eine Auflaufform geben und mit etwas Salz und Pfeffer würzen.
- Schellfischkoteletts auf das Gemüsebett legen, salzen, pfeffern und mit Zitronensaft beträufeln.
- Petersilie darüber streuen, Wein angießen und zugedeckt bei mittlerer Hitze ca. 15 Minuten dämpfen.
- Vor dem Servieren mit Brunnenkresse dekorieren.
- Dazu passt sehr gut Wildreis oder ein Salat aus Blattspinat.

Lachsfrikadellen

Zutaten

- 1/4 Baguette
- 2 EL Magermilch
- 2 Schalotten
- 1/2 Zucchini
- 250 g Lachsfilet
- Saft von 1/2 Zitrone
- 1 Ei
- Meersalz
- frischer Pfeffer aus der Mühle
- Paprikapulver
- 2 EL Distelöl
- 80 g gemischte Sprossen

Zubereitung

- Baguette entrinden, in Magermilch und 4 EL Wasser einweichen. Gut ausdrücken und in eine Schüssel geben. Schalotten schälen, fein würfeln. Zucchini waschen und fein würfeln. Lachsfilet abspülen, trockentupfen, klein würfeln. Schalotten-, Zucchini- und Fischwürfel mit Zitronensaft und Ei in die Schüssel geben. Mit Salz, Pfeffer und Paprikapulver würzen.
- Alles gründlich vermengen und aus dem Teig kleine, flache Frikadellen formen. Distelöl in einer Pfanne erhitzen und die Lachsfrikadellen darin von beiden Seiten goldbraun braten.
- Mit gemischten Sprossen bestreuen.

Kräuterfisch mit Speck

Zutaten

- 300 g Seelachsfilet
- 2 TL gehackte Kräuter (Petersilie, Dill)
- Meersalz
- Pfeffer
- 2 dünne Scheiben Parmaschinken
- 1 EL Olivenöl
- 1 EL süße Sahne
- 1/8 l Gemüsebrühe
- abgeriebene Schale von 1 unbehandelten Limone

Zubereitung

- Fisch unter fließendem Wasser kurz abwaschen, trockentupfen. Petersilie und Dill vermischen. Seelachsfilet mit Meersalz und Pfeffer würzen, in der Kräutermischung wenden und in 2 Portionsstücke schneiden. Fisch jeweils in eine Scheibe Parmaschinken wickeln.
- Olivenöl in einer Pfanne erhitzen und die Fischröllchen ca. 7 Minuten ringsum bei geringer bis mittlerer Hitze goldbraun braten. Sahne und Gemüsebrühe in die Pfanne gießen, Limonenschale dazugeben, kurz aufkochen und möglichst heiß servieren.
- Dazu passen Basmati-Reis oder Salzkartoffeln.

Lachsfilet mit Paprikaschoten

Zutaten

- je 1 rote und grüne Paprikaschote
- 1 Zwiebel
- 2 TL Olivenöl
- 2 EL Weißwein
- 1/8 l Gemüsebrühe
- Meersalz ❖ Pfeffer
- 2 Lachsfilets (je 150 g)
- 1 TL gehackter Dill

Zubereitung

- Paprikaschoten putzen, waschen und vierteln. Mit der Hautseite nach oben auf ein Backblech legen. Im vorgeheizten Backofen bei 225 Grad auf der mittleren Schiene ca. 25 Minuten braten, bis die Haut dunkel wird. Abkühlen lassen, enthäuten, klein schneiden. Zwiebel schälen, in kleine Würfel schneiden.
- Zwiebelwürfel in 1 TL Öl glasig dünsten. Paprika, Weißwein und Gemüsebrühe hinzugeben, salzen und pfeffern. Zugedeckt ca. 5 Minuten köcheln lassen.
- Lachs abwaschen und trockentupfen. Mit Meersalz und Pfeffer einreiben. Restliches Olivenöl in einer Pfanne erhitzen, Lachs hineingeben, ca. 5 Minuten braten.
- Gemüse auf zwei Teller verteilen. Darauf den Lachs legen, dekorativ mit Dill bestreuen und servieren.

Seehecht in Senfsauce

Zutaten

- 2 Seehechtfilets
- 1 Bund gehackter Dill
- Meersalz ❖ Pfeffer
- 3 EL Distelöl
- 1 TL brauner Zucker
- 2 TL scharfer Senf
- 3 EL süße Sahne
- 1 TL Balsamico-Essig
- Saft von 1 Zitrone
- Kurkuma, Ingwerpulver

Zubereitung

- Fischfilets unter fließendem Wasser kurz abspülen und trockentupfen. Mit Dill, Salz und Pfeffer auf beiden Seiten einreiben. Distelöl in einer Pfanne erhitzen, Seehechtfilets darin von beiden Seiten goldbraun braten.
- Die restlichen Zutaten zusammen mit 3 EL Wasser in einen Kochtopf geben und erhitzen. Mit etwas Meersalz und Pfeffer abschmecken. Fisch mit der Senfsauce servieren.
- Dazu passt frisches Baguette oder Wildreis.

Goldbarsch mit Gemüse

Zutaten

- 2 Schalotten
- 2 Knoblauchzehen
- 3 EL Olivenöl
- 300 g Tomaten
- Saft von 1 Limone
- 400 g Goldbarschfilet
- 1 EL Oregano
- 1 Prise Salbeipulver
- Salz
- Pfeffer
- je 3 grüne und schwarze entsteinte Oliven
- 2 TL gerösteter Sesamsamen

Zubereitung

- Schalotten und Knoblauchzehen schälen, fein würfeln und in heißem Olivenöl glasig braten. Tomaten häuten, halbieren, Stielansätze herausschneiden, Kerne entfernen. Tomatenfleisch klein würfeln, mit dem Limonensaft zu den Schalotten geben.
- Goldbarsch unter fließendem Wasser kurz abspülen, trockentupfen, in kleine Stücke schneiden und ebenfalls hinzufügen. Mit Oregano, Salbei, Salz, Pfeffer abschmecken. Zugedeckt ca. 15 Minuten bei schwacher Hitze garen lassen.
- Oliven fein würfeln, mit gerösteten Sesamsamen vermischen und über das fertige Gericht streuen.

Goldbraune Forellen

Zutaten

- 2 küchenfertige Forellen
- Saft von 2 Zitronen
- 3 EL Weizenvollkornmehl
- 1 Prise Meersalz
- weißer Pfeffer
- 2 EL Olivenöl
- 1/2 Bund gehackte Petersilie

Zubereitung

- Forellen unter fließendem Wasser abspülen, trockentupfen und mit Zitronensaft beträufeln. Zugedeckt ca. 1 Stunde ziehen lassen, dann abtropfen lassen.
- Vollkornmehl mit Meersalz und Pfeffer vermischen. Fische mit dem gewürzten Mehl bestäuben. Forellen in heißem Öl auf jeder Seite ca. 4 Minuten goldgelb braten. Vor dem Servieren mit reichlich Petersilie bestreuen.
- Dazu passt Wildreis oder ein Tomatensalat mit frischem Basilikum.

Kabeljau mit Oliven

Zutaten

- 2 Kabeljausteaks
- je 5 grüne und schwarze entsteinte Oliven
- 1 TL Kapern
- 1/2 Bund gehackte Petersilie
- Meersalz
- Pfeffer
- 1 Prise Cayennepfeffer
- 4 Sardellenfilets

3 EL Sonnenblumenöl

Zubereitung

- Kabeljausteaks unter fließendem Wasser kurz abspülen, trockentupfen und in einen Bräter geben. Oliven und Kapern fein würfeln und mit Petersilie vermischen. Mit Meersalz, Pfeffer und Cayennepfeffer feurig abschmecken.
- Diese Würzmischung gleichmäßig auf dem Fisch verteilen. Sardellenfilets auf die Kabeljausteaks legen.
- Fisch mit Sonnenblumenöl beträufeln. Im vorgeheizten Ofen bei 190 Grad ca. 20 Minuten backen.
- Dazu zum Beispiel Polenta servieren.

Gebackener Schellfisch

Zutaten

- 400 g küchenfertiger Schellfisch
- Meersalz
- frischer Pfeffer aus der Mühle
- 2 EL kaltgepresstes Olivenöl
- 3 EL Paniermehl
- 3 Sardellenfilets
- 1 kleiner Zweig Rosmarin
- Saft von 1/2 Zitrone

Zubereitung

- Schellfisch abspülen, trockentupfen. Rückengräte entfernen und mit der Hautseite nach oben auf die Arbeitsfläche legen. Salzen und pfeffern, mit 1 EL Olivenöl bestreichen und in 2 EL Paniermehl wenden. Mit der Hautseite nach unten in einen flachen Bräter legen. Restliches Olivenöl erwärmen.
- Sardellenfilets abspülen, trockentupfen und im Olivenöl verrühren. Mischung auf der Fischinnenseite verstreichen, mit restlichem Paniermehl und Rosmarinnadeln bestreuen.
- Fisch im vorgeheizten Ofen bei mittlerer Hitze ca. 45 Minuten garen lassen. Mit Zitronensaft beträufeln.

Indischer Fisch

Zutaten

- 2 Seelachsfilets (je 200 g)
- Saft von 1 Zitrone
- Meersalz ❖ Pfeffer
- 2 EL Weizenvollkornmehl
- 1 TL Sesamöl
- 2 EL Sonnenblumenöl
- 1 Zwiebel ❖ 1/2 Apfel
- 1 TL Currypulver
- 1/8 l Magermilch
- 5 EL Gemüsebrühe
- 1 EL Mandelstifte
- 1 EL Rosinen

Zubereitung

- Seelachsfilets in Würfel schneiden und mit Zitronensaft beträufeln. Zugedeckt ca. 1 Stunde ruhen lassen, dann abtropfen lassen, mit Meersalz und Pfeffer würzen. Auf beiden Seiten kurz in Mehl wenden.
- Sesamöl mit Sonnenblumenöl in einer Pfanne erhitzen. Fisch darin hellgelb braten, herausnehmen und warm stellen.
- Zwiebel schälen, fein würfeln und in die Pfanne geben. Apfel waschen, klein würfeln und zusammen mit den restlichen Zutaten in die Pfanne geben.
- Zugedeckt ca. 15 Minuten bei kleiner Hitze köcheln lassen. Die Sauce mit den Fischfilets servieren.

Lachsauflauf

Zutaten

- 150 g Kohlblätter
- 200 g Hüttenkäse
- 2 Eier
- Meersalz
- Pfeffer
- 150 g Räucherlachs
- 1 EL Butter
- 1 Prise Muskatnuss

Zubereitung

- Kohlblätter waschen, einige Minuten in kochendem Wasser blanchieren, abgießen.
- Hüttenkäse und Eier zu einer Creme schlagen, salzen und pfeffern. Räucherlachs klein schneiden und hinzugeben.
- Backform mit Butter einfetten, mit Kohlblättern auslegen und Käse-Fisch-Masse darauf geben. Den Auflauf im vorgeheizten Ofen bei 200 Grad ca. 40 Minuten backen.
- Gericht heiß mit Muskatnuss bestreut servieren. Dazu passen Pellkartoffeln.

Feurige Langustinen

Zutaten

- 1 rote Peperoni
- 2 Knoblauchzehen
- 2 Schalotten
- 2 EL Olivenöl
- 350 g geschälte Langustinen
- 3 Zitronenblätter
- 1 EL Sambal Oelek
- 2 EL süße Sahne
- 4 EL Magermilch
- Meersalz ❖ Pfeffer
- 1 Prise Zucker
- 1 EL gehackte Petersilie

Zubereitung

- Peperoni waschen, entkernen, klein schneiden. Knoblauchzehen und Schalotten schälen, fein würfeln. Zwiebeln und Knoblauchzehen in heißem Öl glasig braten.
- Langustinen hinzufügen, rosig anbraten. Peperoni, gewaschene Zitronenblätter und Sambal Oelek hinzugeben, vorsichtig vermischen und ca. 3 Minuten braten. Sahne und Magermilch unterrühren, mit Meersalz, Pfeffer und Zucker würzen.
- Bei schwacher Hitze ca. 10 Minuten schmoren lassen. Gericht mit Petersilie bestreuen und sofort servieren.

Shrimps in feuriger Sauce

Zutaten

- 400 g geschälte rohe Shrimps
- 3 Knoblauchzehen
- 3 Schalotten
- 1/2 Bund gehackte Petersilie
- 1 TL trockener Wermut
- 1/2 TL Sojasauce
- Tabasco
- 6 Egerlinge
- Meersalz ❖ Pfeffer
- 1 EL Brunnenkresse

Zubereitung

- Shrimps abspülen, Darmfaden entfernen. Knoblauchzehen und Schalotten schälen, würfeln.
- Petersilie, Wermut, Sojasauce, etwas Tabasco, Knoblauch und Schalotten zu einer Marinade vermischen. Shrimps darin zugedeckt ca. 2 Stunden marinieren.
- Egerlinge putzen, in dünne Scheiben schneiden, mit Shrimps und Marinade in einem Bräter zugedeckt im vorgeheizten Backofen bei 200 Grad 10 Minuten garen. Deckel abnehmen und weitere 5 Minuten köcheln lassen, salzen und pfeffern. Vor dem Servieren mit Brunnenkresse bestreuen.

Rotbarben mit grüner Sauce

Zutaten

- 1/2 Bund Basilikum
- 1 gewürfelte Schalotte
- 30 g Butter
- 4 EL trockener Weißwein
- 1/8 l Fischfond
- 2 EL Crème fraîche
- Meersalz ❖ Pfeffer aus der Mühle
- 4 Rotbarbenfilets
- 2 EL Olivenöl

Zubereitung

- Basilikumblättchen abzupfen, waschen, mit dem Mixstab pürieren.
- Schalottenwürfel in 10 g Butter glasig dünsten. Mit Weißwein und Fischfond ablöschen und kurz aufkochen. Crème fraîche hinzugeben und etwas einkochen lassen.
- Restliche Butter mit dem Schneebesen in die Sauce einarbeiten, salzen und pfeffern. Fischfilets ebenfalls würzen.
- Fischfilets in Olivenöl anbraten, mit der Sauce häufig begießen. Basilikumpüree in die Sauce rühren. Fischfilets mit der grünen Sauce servieren.

Gebratener Kabeljau

Zutaten

- 2 EL Olivenöl
- 1 große Zwiebel
- 2 Tomaten
- 1 Zitrone
- 2 EL gehackte Petersilie
- 1 EL gehacktes Basilikum
- 1 Prise Salbei
- 500 g Kabeljau
- 1 Prise Meersalz
- weißer Pfeffer

Zubereitung

- Zwiebeln schälen, fein würfeln und in 1 EL Öl glasig dünsten.
- Tomaten gründlich waschen, in Scheiben schneiden und damit den Boden einer feuerfesten Form auslegen. Zwiebeln darüber geben. Zitrone in dünne Scheiben schneiden und gleichmäßig in der Form verteilen. Mit Petersilie, Basilikum und Salbei bestreuen.
- Kabeljau salzen und pfeffern, auf das Gemüse legen. Restliches Olivenöl darüber träufeln. Zugedeckt ca. 20 Minuten bei mittlerer Hitze schmoren lassen. Weitere 10 Minuten offen garen lassen.

Forellen auf Champignons

Zutaten

- 2 küchenfertige Forellen
- Saft von 1 Zitrone
- Meersalz
- frischer Pfeffer
- 2 EL Paniermehl
- 2 EL Olivenöl
- 150 g Champignons
- 4 EL Weißwein
- 1 TL Butter
- 1/2 Bund gehackte Petersilie

Zubereitung

- Forellen unter fließendem Wasser waschen, trockentupfen und mit Zitronensaft beträufeln. Mit Salz und Pfeffer würzen und kurz auf beiden Seiten in Paniermehl wenden.
- Forellen in heißem Öl auf beiden Seiten kurz anbraten. Aus der Pfanne nehmen und warm stellen.
- Champignons putzen und in dünne Scheiben schneiden. In einen Bräter geben. Die vorgebratenen Forellen darauf legen. Weißwein darüber gießen, mit Butterflöckchen besetzen und ca. 15 Minuten im Backofen bei mittlerer Hitze backen. Mit frischer Petersilie bestreuen.

Scholle mit Speck

Zutaten

- 2 Schollenfilets (je ca. 150 g)
- Meersalz
- frischer Pfeffer aus der Mühle
- Saft von 1/2 Zitrone
- 2 EL Vollkornmehl
- 20 g Butter
- 80 g durchwachsener geräucherter Speck
- 1 unbehandelte Limone
- 2 EL Petersilie
- 1/2 TL Paprikapulver

Zubereitung

- Schollenfilets waschen, trockentupfen, salzen und pfeffern, mit Zitronensaft beträufeln und kurz in Vollkornmehl wenden.
- Butter in einer Pfanne erhitzen, klein gewürfelten Speck darin knusprig braten. Speck herausnehmen. Schollenfilets im verbliebenen Fett auf jeder Seite 3 Minuten braten, bis sie eine goldbraune Farbe angenommen haben.
- Schollenfilets auf zwei Teller verteilen, Speckwürfel darüber streuen. Limone in Spalten teilen und damit den Fisch dekorieren.
- Mit gehackter Petersilie und Paprikapulver bestreuen.

Bunte Fischpfanne

Zutaten

❖ 150 g Seeteufelfilet ❖ 150 g Lachsfilet ❖ 150 g Brokkoliröschen ❖ 150 g Champignons ❖ 2 EL Olivenöl ❖ 100 g Garnelen ❖ 1 EL Gemüsebrühe ❖ 1 Knoblauchzehe ❖ 100 g Crème fraîche ❖ 1 TL Kräuter der Provence ❖ Saft von 1/2 Limette ❖ Salz, Pfeffer ❖ 2 EL gehackte Brunnenkresse

Zubereitung

- Fischfilets in ca. 2 cm große Würfel schneiden. Brokkoliröschen waschen und in mundgerechte Stücke teilen. Champignons trocken putzen und in dünne Scheiben schneiden.
- Fisch, Garnelen und Gemüse in heißem Öl kurz anbraten. Mit Gemüsebrühe und 2 EL Wasser ablöschen. Zugedeckt ca. 10 Minuten dünsten lassen.
- Knoblauch schälen und fein würfeln, mit Crème fraîche in die Pfanne geben. Weitere 5 Minuten ohne Deckel kochen, mit Kräutern, Limettensaft, Salz und Pfeffer würzen. Mit Brunnenkresse bestreuen.

Seebarschfilets in Weißweinsauce

Zutaten

- ❖ 2 Seebarschfilets
- ❖ Meersalz, Pfeffer
- ❖ 1/8 l Fischfond
- ❖ 4 EL trockener Weißwein
- ❖ 1 TL weiche Butter
- ❖ 10 g Vollkornmehl
- ❖ 12 grüne Weintrauben
- ❖ 1 EL süße Sahne
- ❖ 1 EL gemischte Sprossen

Zubereitung

- Seebarschfilets salzen und pfeffern. Fischfond und Weißwein in einen Kochtopf geben, kurz aufkochen lassen. Butter einrühren. Vollkornmehl langsam einstreuen.
- Filets in die Sauce geben und abgedeckt 7 Minuten bei schwacher Hitze köcheln lassen.
- Weintrauben waschen, halbieren, entkernen und in die Sauce geben. Weitere 4 Minuten abgedeckt köcheln lassen, süße Sahne einrühren. Vor dem Servieren mit den Sprossen dekorieren.

Seelachsfilet im Lauchbett

Zutaten

- 2 Seelachsfilets
- Salz, Muskatnuss
- Pfeffer
- Worcestersauce
- Saft von 1/2 Limone
- 1 Stange Lauch
- 2 Möhren
- 2 Schalotten
- 1 Knoblauchzehe
- 1 EL Butter
- 1/8 l Weißwein
- 2 EL süße Sahne
- 1/8 l Gemüsebrühe

Zubereitung

- Seelachsfilets mit Meersalz, Pfeffer, etwas Worcestersauce und Limonensaft würzen, in eine feuerfeste Form legen.
- Lauch und Möhren putzen, waschen und in feine Ringe schneiden. Schalotten und Knoblauchzehe schälen, fein würfeln.
- Gemüse und Knoblauch in heißer Butter bei mittlerer Hitze andünsten. Weißwein, Sahne und Brühe dazugeben, aufkochen lassen.
- Gemüsesauce über die Seelachsfilets geben und mit etwas geriebener Muskatnuss bestreuen. Mit Aluminiumfolie abdecken und im vorgeheizten Backofen bei 200 Grad ca. 35 Minuten garen.

Goldbarschfilet in Pfeffersauce

Zutaten

❖ 2 Goldbarschfilets ❖ Saft von 1 Zitrone ❖ 2 EL Weißweinessig ❖ 1 Prise Salz ❖ weißer Pfeffer ❖ 2 Knoblauchzehen ❖ je 2 EL rote zerstoßene Pfefferkörner ❖ 1/8 l Gemüsebrühe ❖ 2 EL Weißwein ❖ 1 TL Thymian ❖ 1 EL Butter ❖ 1 EL gehackte Petersilie

Zubereitung

- Fisch abspülen, trockentupfen. Aus Zitronensaft, Weißweinessig, Meersalz, Pfeffer und zerdrücktem Knoblauch eine Marinade anrühren. Fisch mit den Pfefferkörnern in die Marinade geben. Zugedeckt ca. 2 Stunden marinieren.
- Fisch herausnehmen, Marinade mit Gemüsebrühe, Weißwein und Thymian kurz aufkochen. Goldbarschfilets in heißer Butter auf beiden Seiten goldbraun braten, auf zwei Teller legen, Sauce darüber gießen und mit Petersilie bestreuen.

Schwertfisch mit Estragonsauce

Zutaten

- ❖ 400 g Schwertfischsteaks
- ❖ 2 EL Olivenöl
- ❖ 2 Schalotten
- ❖ 2 EL gehackter Estragon
- ❖ 1/8 l Fischfond
- ❖ 2 EL Weißwein
- ❖ 1 TL Vollkornmehl
- ❖ Meersalz
- ❖ etwas Pfeffer
- ❖ 1 Prise Muskatnuss

Zubereitung

- ◆ Schwertfischsteaks unter fließendem Wasser abspülen, trockentupfen. Schalotten schälen, fein würfeln und in heißem Olivenöl glasig dünsten, herausnehmen. Schwertfischsteaks in der Pfanne ca. 5 Minuten von beiden Seiten goldbraun braten.
- ◆ Gedünstete Schalotten und Estragon in die Pfanne geben. Mit Fischfond und Weißwein ablöschen.
- ◆ Vollkornmehl in die Sauce rühren. Mit Meersalz, Pfeffer und Muskatnuss würzen. Abgedeckt ca. 10 Minuten köcheln lassen.

Steinbutt in goldener Sauce

Zutaten

❖ 250 g Steinbuttfilet ❖ Meersalz ❖ 1/8 l trockener Weißwein ❖ 1 kleine Zwiebel ❖ 1 Knoblauchzehe ❖ 1 Thymianzweig ❖ 1/2 TL zerdrückter Fenchelsamen ❖ 5 zerstoßene Pfefferkörner ❖ 10 g Butter ❖ 1 Msp. Safran ❖ 1/2 TL scharfer Senf ❖ 2 EL süße Sahne ❖ 1 TL Vollkornmehl ❖ 1 EL Brunnenkresse

Zubereitung

- ◆ Steinbuttfilets unter fließendem Wasser abspülen, trockentupfen, salzen. Weißwein in einen Kochtopf geben, erhitzen, Fischfilets darin bei schwacher Hitze ca. 5 Minuten ziehen lassen.
- ◆ Zwiebel und Knoblauch schälen und fein würfeln, dazugeben. Mit Thymian, Fenchelsamen und Pfefferkörnern würzen. Butter vorsichtig einrühren. Safran, scharfen Senf und süße Sahne dazugeben. Vollkornmehl einrühren.
- ◆ Zugedeckt 7 Minuten köcheln lassen. Vor dem Servieren Thymianzweig entfernen und das Gericht mit Brunnenkresse bestreuen.

Seezunge mit Limonen

Zutaten

- 1 große gehäutete Seezunge (ca. 800 g)
- Meersalz
- Pfeffer
- 15 g Butter
- 2 Limonen
- 3 EL Sojasprossen
- 2 EL gemischte Kräuter (Petersilie, Kerbel, Dill)
- je 4 grüne und blaue Weintrauben

Zubereitung

- Seezunge unter fließendem Wasser abspülen, trockentupfen, salzen und pfeffern. Eine Auflaufform dünn mit Butter ausstreichen, Fisch hineinlegen.
- Limonen schälen, in dünne Scheiben schneiden und auf dem Fisch gleichmäßig verteilen. Auflaufform mit Aluminiumfolie abdecken und im vorgeheizten Backofen bei 200 Grad ca. 30 Minuten garen. Sojasprossen auf zwei Teller verteilen, halbierte Seezunge darauf legen, mit Limonenscheiben und frischen Kräutern garnieren.
- Weintrauben waschen, halbieren, entkernen und als Dekoration verwenden.

Heilbutt mit Kräutern

Zutaten

- 2 Heilbuttkoteletts
- Saft von 1 Limone
- 2 TL Butter
- 2 EL gehackte Kräuter (Dill, Petersilie)
- Meersalz
- Pfeffer aus der Mühle
- 2 Tomaten
- 1 EL saure Sahne
- 1 TL gehackte Brunnenkresse

Zubereitung

- Heilbuttkoteletts in Limonensaft legen und zugedeckt 1 Stunde ziehen lassen. Butter in einer Pfanne erhitzen, Kräuter darin kurz schwenken.
- Fisch aus der Marinade nehmen, salzen und pfeffern. Tomaten halbieren und zusammen mit den Heilbuttkoteletts und der Kräuterbutter in Aluminiumfolie einpacken.
- Im vorgeheizten Ofen bei 180 Grad ca. 25 Minuten garen. Den Saft aus der Folie in einen kleinen Kochtopf gießen und bei schwacher Hitze saure Sahne einrühren. Fisch auf Teller geben, Sauce darüber gießen und mit Brunnenkresse garnieren.

Feuriger Seehecht

Zutaten

- 300 g Seehechtfilet
- 1 Prise Cayennepfeffer
- 1 TL Thymian
- Meersalz, frischer Pfeffer aus der Mühle
- 2 EL kaltgepresstes Olivenöl
- je 1 grüne und gelbe Paprikaschote
- 1 getrocknete Chilischote
- 2 Schalotten, 2 Knoblauchzehen
- 1 Lorbeerblatt
- 1/8 l trockener Weißwein
- 1 TL gehackte Petersilie

Zubereitung

- Seehechtfilet unter fließendem Wasser abspülen, trockentupfen. Cayennepfeffer, Thymian, Meersalz und Pfeffer vermischen. Fisch mit dieser Gewürzmischung einreiben.
- Olivenöl in einer Pfanne erhitzen. Fisch darin auf jeder Seite 3 Minuten anbraten, herausnehmen und warm stellen.
- Paprikaschoten waschen, trockentupfen und in sehr kleine Würfel schneiden. Chilischote fein hacken und mit den Paprikawürfeln in die Pfanne geben. Schalotten und Knoblauchzehen schälen, fein würfeln und zusammen mit dem Lorbeerblatt und der Paprika-Chili-Mischung ca. 5 Minuten andünsten. Mit Weißwein ablöschen.
- Fisch wieder in die Pfanne geben und zugedeckt bei mittlerer Hitze weitere 5 Minuten köcheln lassen. Vor dem Servieren Lorbeerblatt entfernen und den Hecht mit frischer Petersilie garnieren.

Gebratene Seezungenfilets

Zutaten

- 4 Seezungenfilets
- Salz
- Zitronensaft
- 2–3 EL Butter

Zubereitung

- Die Seezungenfilets salzen und mit Zitronensaft beträufeln.
- Die Butter in einer Pfanne schmelzen lassen und die Filets von jeder Seite etwa 4 Minuten braten.
- Auf Teller geben und nochmals reichlich mit Zitronensaft beträufeln.

Tintenfisch mit Tomatensauce

Zutaten

- 400 g geputzte Tintenfische
- 250 g gehäutete Tomaten
- 1 Zwiebel
- 2 Knoblauchzehen
- 2 EL Olivenöl
- Meersalz
- Pfeffer
- Saft von 1 Zitrone
- 3 EL trockener Weißwein
- 1/2 Bund gehackte Petersilie
- 1 Lorbeerblatt
- 2 EL gehackte Minze

Zubereitung

- Tintenfische sorgfältig waschen, abtropfen lassen. Tomaten halbieren, Stielansätze herausschneiden, Kerne mit einem Löffel entfernen. Tomatenfleisch würfeln.
- Zwiebel und Knoblauchzehen schälen und fein hacken. Olivenöl in einer Pfanne erhitzen, Tintenfische hineingeben und unter Rühren kurz anbraten.
- Mit Meersalz und Pfeffer würzen. Zwiebel und Knoblauchzehen hinzugeben und ebenfalls kurz andünsten. Mit Zitronensaft und Weißwein ablöschen.
- Petersilie und Lorbeerblatt hinzugeben und mit Meersalz und Pfeffer abschmecken. Zugedeckt ca. 50 Minuten bei leichter Hitze schmoren lassen.
- Vor dem Servieren mit gehackter Minze bestreuen.

Rotbarschfilet mit Chicorée

Zutaten

- 600 g Rotbarschfilet
- Saft von 1 Zitrone
- Salz
- 1 kleine Zucchini
- 3 Chicorée
- 100 ml Sahne
- 1 TL Curry

Zubereitung

- Rotbarsch mit Zitronensaft und Salz würzen. Zucchini waschen und in Scheiben schneiden. Chicorée waschen, Strunk keilförmig herausschneiden, Chicorée in Streifen schneiden.
- 200 ml Wasser mit Sahne, 1 EL Zitronensaft, Curry und Salz verrühren. Die Currysauce in einer großen Pfanne aufkochen lassen.
- Rotbarschfilets und Zucchini dazugeben und 5 Minuten in der Sauce köcheln lassen, Fisch einmal wenden. Kurz vor Ende der Garzeit den Chicorée in die Sauce geben.

Miesmuschelreis

Zutaten

- 500 g Miesmuscheln
- 200 g gehäutete Tomaten
- 1 Knoblauchzehe
- 2 EL Olivenöl
- 1/8 l Rotwein
- eine Prise Meersalz
- Pfeffer
- 150 g Risotto-Reis
- 2 EL gehackte Petersilie
- 30 g geriebener Parmesankäse
- 1 Prise Kreuzkümmel

Zubereitung

- Muscheln in eine Schüssel geben, mit kaltem Wasser bedeckt ca. 15 Minuten stehen lassen. Offene Muscheln unbedingt wegwerfen! Von den Muscheln Bärte entfernen und mehrmals mit frischem Wasser waschen.
- Kochtopf ohne jegliche Flüssigkeit erhitzen, Muscheln hineingeben und zugedeckt ca. 5 Minuten garen, bis sich alle Muscheln geöffnet haben. Kochtopf dabei mehrmals schütteln.
- Muscheln abgießen, dabei die Flüssigkeit, die sich gebildet hat, auffangen. Aus den geöffneten Muscheln das Muschelfleisch herauslösen. Geschlossene Muscheln unbedingt wegwerfen!
- Tomaten würfeln. Knoblauch schälen, fein würfeln. Olivenöl in einer Pfanne erhitzen, Knoblauch, Tomaten, Muschelflüssigkeit und Rotwein in das Öl geben. Zugedeckt ca. 5 Minuten bei mittlerer Hitze kochen, mit Salz und Pfeffer würzen. Sauce warm halten.
- 1 l Wasser mit einer Prise Meersalz aufkochen, Reis darin ca. 10 Minuten vorgaren, in einem Sieb abtropfen lassen. Reis in die Sauce geben und ca. 10 Minuten bei schwacher Hitze offen köcheln lassen. Ab und zu umrühren.
- Petersilie und Muschelfleisch unter den Reis mischen und ca. 10 Minuten weiter garen, dabei mehrmals vorsichtig umrühren.
- Mit Parmesankäse und Kreuzkümmel bestreut servieren.

Goldbarschlasagne

Zutaten

- 250 g Goldbarsch
- Saft von 1 Zitrone
- 1/8 l trockener Weißwein
- 1 Lorbeerblatt
- 2 Gewürznelken
- 1 Schalotte
- 1/2 Bund gehackte Petersilie
- Meersalz
- Pfeffer
- 100 g Lasagneblätter
- 100 g geschälte Shrimps
- 60 g Mozzarella
- 50 g Butter
- 4 EL Crème fraîche
- 30 g geriebener Parmesankäse

Zubereitung

- Goldbarsch unter fließendem Wasser abspülen, trockentupfen, in Zitronensaft legen und zugedeckt ca. 1 Stunde ziehen lassen. Weißwein, Lorbeerblatt und Nelken in einen Kochtopf geben.
- Schalotte schälen, fein würfeln und zusammen mit der Petersilie in den Kochtopf geben. Mit Meersalz und etwas Pfeffer würzen. Kurz aufkochen lassen. Goldbarsch darin ca. 10 Minuten pochieren, abtropfen lassen und in kleinere Stückchen teilen.
- Lasagneblätter in Salzwasser bissfest kochen, abgießen, kalt abschrecken. Zum Abtropfen nebeneinander auf einen Kuchendraht legen. Shrimps kalt abspülen, abtropfen lassen. Mozzarella in kleine Würfel schneiden.
- Bräter mit 10 g Butter einfetten, eine dünne Schicht Crème fraîche hineingeben. Lagenweise Lasagneblätter, Goldbarsch, Shrimps und etwas Crème fraîche einschichten, wobei die Crème fraîche immer mit einigen Mozzarellawürfeln bestreut wird. Den Abschluss bildet eine Lage Lasagneblätter, auf die Butterflöckchen verteilt werden.
- Mit Parmesankäse bestreuen. Lasagne im vorgeheizten Ofen bei mittlerer Hitze ca. 30 Minuten backen.

Französisches Fischragout

Zutaten

- 4 Schalotten
- 2 EL Butter
- 1/8 l Fischfond
- 1/8 l trockener Cidre
- 1 EL gehackte Petersilie
- 1 Prise Meersalz
- Pfeffer
- 1 Prise getrockneter Salbei
- 150 g Rotbarschfilet
- 150 g Kabeljaufilet
- 15 g Vollkornmehl
- 100 g geschälte Garnelen

Zubereitung

- Schalotten schälen und fein würfeln. 1 EL Butter in einer Pfanne erhitzen, Schalotten darin glasig dünsten. Mit Fischfond und Cidre aufgießen. Petersilie dazugeben. Mit Meersalz, Pfeffer und Salbei würzen. Kurz aufkochen lassen.
- Fisch unter fließendem Wasser abspülen, trockentupfen, in mundgerechte Stücke schneiden und in die Flüssigkeit geben. Bei schwacher Hitze zugedeckt ca. 10 Minuten köcheln lassen.
- Fisch mit einem Schaumlöffel aus dem Sud nehmen und warm halten. Restliche Butter in einem Kochtopf erhitzen, mit Vollkornmehl bestäuben, unter ständigem Rühren nach und nach den Fischsud zugießen, bis eine gebundene Sauce entstanden ist.
- Garnelen und Fischstücke dazugeben und in der Sauce erhitzen. Mit Meersalz und Pfeffer abschmecken.

Seelachsfilet überbacken

Zutaten

- 750 g Seelachsfilet
- Salz
- 1 Zitrone
- 1/2 Bd. Petersilie, 1/2 Bd. Dill
- 1/2 TL Majoran
- 1 Knoblauchzehe
- 5 EL Olivenöl
- 125 g Emmentaler
- 1 EL Butter

Zubereitung

- Den Backofen auf 220 Grad vorheizen. Das Fischfilet salzen und in breite Streifen schneiden. Fisch in eine feuerfeste, gebutterte Form legen.
- Die Zitrone halbieren und in sehr dünne Scheiben schneiden, über den Fisch verteilen und die fein gehackten Kräuter darüber streuen. Die Knoblauchzehe durchpressen, mit dem Öl vermischen und über den Fisch gießen. Im Backofen ca. 30 Minuten garen lassen.

Rotbarschgratin

Zutaten

- 2 Schalotten
- 30 g Butter
- 250 g Sauerkraut
- 3 zerdrückte Wacholderbeeren
- 250 g geschälte Kartoffeln
- Meersalz
- 250 g Rotbarschfilet
- 15 g Vollkornmehl
- 1 TL Currypulver
- 1/8 l Gemüsebrühe
- 2 EL süße Sahne
- Pfeffer
- 2 EL Paniermehl
- 30 g Parmesankäse

Zubereitung

- Schalotten schälen und fein würfeln. 10 g Butter in einem Kochtopf erhitzen. Schalotten, Sauerkraut und Wacholderbeeren hineingeben und bei schwacher Hitze ca. 30 Minuten dünsten lassen.
- Kartoffeln im Salzwasser fast gar kochen, abgießen und in Scheiben schneiden. Rotbarschfilet in Salzwasser ca. 5 Minuten garen.
- Fisch gut abtropfen lassen und in Würfel schneiden. Eine feuerfeste Form mit 10 g Butter einfetten und schichtweise Sauerkraut, Kartoffelscheiben und Fischwürfel hineingeben. Mit Sauerkraut abschließen.
- Restliche Butter in einem Kochtopf erhitzen, Mehl und Currypulver dazugeben. Unter ständigem Rühren nach und nach Gemüsebrühe und süße Sahne dazugießen, bis eine gebundene Sauce entstanden ist. Mit Meersalz und Pfeffer würzen.
- Sauce über die oberste Sauerkrautschicht gießen, Paniermehl und geriebenen Parmesankäse darüber verteilen. Im vorgeheizten Backofen ca. 30 Minuten überbacken.
- Dazu schmeckt ein frischer Salat und ein leichter Weißwein.

Pfifferlingsrisotto

Zutaten

- 200 g Pfifferlinge
- 1/2 Zwiebel
- 40 g Butter
- 150 g Risotto-Reis
- Meersalz
- Pfeffer
- 3 EL Salbeiblätter
- 100 ml Weißwein
- ca. 1/2 l Fleischbrühe
- 2 EL Olivenöl
- 30 g geriebener Parmesankäse

Zubereitung

- Pilze trocken abreiben, nach Bedarf klein schneiden. Zwiebel schälen, fein würfeln, in 20 g Butter andünsten. Pilze hinzufügen und ca. 2 Minuten dünsten. Reis untermischen. Mit Meersalz, Pfeffer und 2 EL Salbei würzen.
- Weißwein zugießen, unter Rühren verkochen lassen. Nach und nach heiße Brühe zugießen. Unter gelegentlichem Rühren den Reis ca. 25 Minuten ausquellen lassen. Restliche Butter einrühren.
- Olivenöl in einer Pfanne erhitzen, restliche Salbeiblätter kurz darin braten und über das Gericht geben.
- Mit Parmesankäse bestreuen und möglichst heiß servieren.

Pilzpfanne

Zutaten

- 1 Bund Frühlingszwiebeln
- 100 g Egerlinge
- 100 g Pfifferlinge
- je 100 g Austern- und Steinpilze
- 30 g Butterschmalz
- 1 Prise Meersalz
- Pfeffer
- 150 g Tomaten
- 2 EL Weinbrand
- 1/2 Bund gehackte Petersilie

Zubereitung

- Frühlingszwiebeln putzen, waschen, in dünne Ringe schneiden. Pilze putzen und etwas zerkleinern. Butterschmalz in einer Pfanne erhitzen, Frühlingszwiebeln und Pilze darin ca. 5 Minuten dünsten. Mit Salz und Pfeffer würzen, dann herausnehmen.
- Tomaten waschen, halbieren, entkernen, klein würfeln und in der Pfanne erhitzen. Weinbrand und Pilzmischung dazugeben und kurz erwärmen.
- Mit Petersilie bestreuen. Dazu schmecken besonders gut frische Pellkartoffeln oder Spätzle.

Gemüseauflauf

Zutaten

- 1 Kohlrabi
- 1 Möhre
- 1/2 Stange Lauch
- 150 g Brokkoli
- Meersalz
- 1/2 Zwiebel
- 5 g Butter
- 1/2 Becher Crème fraîche
- 2 EL Magermilch
- 1 Ei
- Pfeffer
- 1 Prise Muskatnuss
- 100 g fettarmer Camembert

Zubereitung

- Kohlrabi und Möhre schälen, in mundgerechte Scheiben schneiden. Lauch putzen, waschen und in Streifen schneiden. Brokkoli waschen und Röschen teilen. Gemüse in kochendem Salzwasser ca. 6 Minuten blanchieren.
- Zwiebel schälen und fein hacken. Eine feuerfeste Form mit Butter ausfetten, abgetropftes Gemüse hineingeben und mit Zwiebelwürfeln bestreuen.
- Crème fraîche, Milch und Ei verrühren, mit Salz, Pfeffer und Muskatnuss würzen, über das Gemüse gießen. Im vorgeheizten Backofen bei 200 Grad ca. 25 Minuten backen.
- Camembert entrinden, in Scheiben schneiden, Auflauf belegen und nochmals 5 Minuten backen.

Lauchrisotto

Zutaten

- 2 Möhren
- 1 Zwiebel
- 1 TL Olivenöl
- 150 g Risotto-Reis
- 3 EL Weißwein
- 1 Döschen Safran
- 1/4 l Gemüsebrühe
- 1 Stange Lauch
- 1 TL geriebener Parmesankäse
- 2 EL gehackte Petersilie
- Meersalz ❖ Pfeffer

Zubereitung

- Möhren und Zwiebel schälen, fein würfeln. In Olivenöl andünsten.
- Reis hinzugeben und unter Rühren glasig anbraten. Mit Weißwein ablöschen. Safran und etwas Gemüsebrühe in die Pfanne geben. Köcheln lassen. Nach und nach restliche Gemüsebrühe hinzugeben.
- Lauchstange waschen, in Ringe schneiden und ca. 10 Minuten vor Ende der Garzeit dazugeben. Parmesankäse und Petersilie hinzufügen, mit Meersalz und Pfeffer würzen und heiß servieren.

Überbackene Polenta

Zutaten

❖ 1 Aubergine ❖ 2 EL kaltgepresstes Olivenöl ❖ Meersalz ❖ 3 Knoblauchzehen ❖ 1/2 l Gemüsebrühe ❖ 100 g Maisgrieß (Polenta) ❖ 1 Zwiebel ❖ weißer Pfeffer aus der Mühle ❖ 100 g geriebener Parmesankäse ❖ 2 TL gerösteter Sesamsamen ❖ 1 EL gehackte Petersilie

Zubereitung

- Aubergine waschen, Stielansatz entfernen und in 1 cm dicke Scheiben schneiden. 1 EL Olivenöl in einer Pfanne erhitzen und die einzelnen Scheiben darin von beiden Seiten schön goldgelb braten. Mit etwas Meersalz würzen und vom Herd nehmen. Knoblauchzehen schälen, zerdrücken und gleichmäßig auf den Auberginenscheiben verteilen.
- Gemüsebrühe in einem Kochtopf erhitzen und Maisgrieß langsam einrühren. Zwiebel schälen, fein würfeln und ebenfalls in die Gemüsebrühe geben. Mit Meersalz und Pfeffer würzen.
- Zugedeckt bei kleiner Hitze ca. 20 Minuten köcheln lassen. Ab und zu umrühren ist wichtig.
- Auberginenscheiben auf ein mit etwas Olivenöl gefettetes Backblech legen. Auf jede Scheibe Polenta geben. Parmesankäse und Sesamsamen darüber streuen.
- Im vorgeheizten Backofen bei 200 Grad ca. 10 Minuten überbacken. Mit gehackter Petersilie bestreuen und möglichst heiß servieren.

Möhreneintopf

Zutaten

❖ 1,2 kg Möhren
❖ 400 g Kartoffeln
❖ 2 EL Gemüsebrühe (Instant)
❖ 4 TL Butter
❖ 1 EL Petersilie
❖ 1 EL Schnittlauch

Zubereitung

- Die Möhren schälen und würfeln, etwa 5 Minuten in 1/8 l Wasser kochen lassen. Kartoffeln schälen und würfeln. Zu den Möhren geben und 12 bis 15 Minuten kochen.
- Die Gemüsebrühe und die Butter hinzufügen. Petersilie zerkleinern, Schnittlauch in Röllchen schneiden und den Eintopf damit bestreuen.

Nudeln mit Mozzarella

Zutaten

- 200 g breite Bandnudeln
- Meersalz
- 500 g Tomaten
- 1/2 grüne Chilischote
- 1 Schalotte
- 1 EL Olivenöl
- Pfeffer
- je 3 schwarze und grüne Oliven
- 1/2 Bund Basilikum
- 100 g Mozzarella

Zubereitung

- Nudeln in Salzwasser bissfest kochen. Tomaten häuten, Stielansätze und Kerne entfernen. Tomatenfleisch klein würfeln. Chilischote waschen und in dünne Streifen schneiden. Schalotte schälen, fein hacken.
- Schalottenwürfel, Chilischote und Tomatenwürfel in heißem Olivenöl ca. 10 Minuten andünsten, salzen und pfeffern. Oliven klein würfeln und in die Tomatensauce geben. Basilikum waschen, klein hacken.
- Mozzarella in kleine Würfel schneiden und mit dem Basilikum in die Pfanne geben. Gut vermischen, ca. 3 Minuten köcheln lassen, auf die Spagetti geben.

Gemüse mit Käse

Zutaten

- 1/2 Blumenkohl
- 250 g Möhren
- Meersalz
- 1 Zucchini
- 4 EL Magermilch
- 60 g Schmelzkäse
- Pfeffer
- 1/2 Bund Schnittlauch
- 100 g geriebener Parmesankäse
- 1 EL gehackte Petersilie

Zubereitung

- Blumenkohl in kleine Röschen teilen, waschen. Möhren schälen, in dünne Stifte schneiden, mit dem Blumenkohl in Salzwasser 5 Minuten kochen. Zucchini waschen, in Scheiben schneiden und kurz mitgaren. Gemüse abgießen und abtropfen lassen.
- Milch erhitzen, Schmelzkäse darin auflösen, salzen und pfeffern. Schnittlauch waschen, in Röllchen schneiden und in die Käsesauce geben.
- Gemüse in eine Auflaufform schichten, mit der Sauce begießen. Mit Parmesan bestreuen und im vorgeheizten Backofen bei 175 Grad ca. 10 Minuten überbacken.

Spagettini mit Fenchel

Zutaten

- ❖ 200 g Spagettini
- ❖ 500 g Tomaten
- ❖ 1 Schalotte
- ❖ 1 Knoblauchzehe
- ❖ 1 TL Olivenöl
- ❖ 1/2 Fenchelknolle
- ❖ weißer Pfeffer, Meersalz
- ❖ 1/2 Bund gehackte Petersilie
- ❖ 1 TL Thymianblättchen

Zubereitung

- ◆ Spagettini in Salzwasser bissfest kochen. Tomaten häuten, halbieren, Stielansätze herausschneiden, Kerne entfernen. Tomatenfleisch klein würfeln. Schalotte und Knoblauchzehe schälen, fein würfeln. Schalotte und Knoblauchzehe in Olivenöl andünsten.
- ◆ Fenchel putzen, waschen, in dünne Streifen schneiden. Ebenfalls in die Pfanne geben und ca. 10 Minuten dünsten.
- ◆ Tomatenwürfel hinzufügen und weitere 5 Minuten köcheln lassen, salzen und pfeffern. Petersilie und Nudeln in die Pfanne geben. Alles gut vermischen und auf zwei Teller verteilen.

Kartoffelgratin

Zutaten

- ❖ 500 g Kartoffeln
- ❖ 250 g Zucchini
- ❖ 1/2 TL Olivenöl
- ❖ 1 EL gehackte Pfefferminzblättchen
- ❖ Meersalz
- ❖ Pfeffer
- ❖ 1 Tomate
- ❖ 30 g geriebener Parmesankäse
- ❖ 100 g süße Sahne
- ❖ 1 EL gehackte Petersilie

Zubereitung

- ◆ Kartoffeln schälen, Zucchini waschen und beides in Scheiben schneiden. Eine gefette Auflaufform mit Kartoffel- und Zucchinischeiben auslegen. Mit Pfefferminzblättchen bestreuen, salzen und pfeffern.
- ◆ Tomate häuten, halbieren, Stielansätze entfernen, Kerne entfernen. Tomatenfleisch klein würfeln und mit dem Parmesan auf dem Gemüse verteilen, würzen und mit Sahne übergießen.
- ◆ Auflauf im vorgeheizten Backofen bei 175 Grad ca. 45 Minuten backen. Vor dem Servieren mit Petersilie bestreuen.

Schwarzwurzeln mit Limonensauce

Zutaten

- 500 g Schwarzwurzeln
- 1 EL Balsamico-Essig
- Meersalz
- 1 unbehandelte Limone
- 80 g Butter
- schwarzer Pfeffer
- 1 Prise Muskatnuss

Zubereitung

- Schwarzwurzeln unter fließendem Wasser gründlich waschen. Schälen und in kurze Stücke schneiden, sofort in Essigwasser legen, damit sie nicht dunkel werden. Kurz ziehen lassen, dann in kochendes Salzwasser geben und ca. 25 Minuten köcheln lassen. In einem Sieb abtropfen lassen, Kochwasser dabei auffangen.
- Limonenschale fein abreiben, Limone auspressen. Ca. 5 EL vom Gemüsekochwasser in einen Topf geben, Limonensaft und -schale, Butter und Schwarzwurzeln dazugeben und aufkochen, würzen.

Italienische Artischocken

Zutaten

- 2 große Artischocken
- Saft von 1 Limone
- 2 gehackte Knoblauchzehen
- 2 EL gehackte Petersilie
- 2 TL fein geschnittene Pfefferminzblättchen
- Meersalz, frischer Pfeffer aus der Mühle
- 3 EL kaltgepresstes Olivenöl

Zubereitung

- Von den Artischocken die Blattspitzen abschneiden, Stiele etwas kürzen. Limonensaft mit Wasser verdünnen und Artischocken hineinlegen. Kurz ziehen lassen. Herausnehmen und die einzelnen Blätter leicht lockern.
- Knoblauch mit Petersilie und Pfefferminzblättchen vermischen, zwischen die Artischockenblätter drücken. Mit etwas Salz und Pfeffer bestreuen.
- Olivenöl in einem Topf mit hohem Rand erhitzen. Artischocken mit Stiel nach oben in den Topf setzen. So weit mit Wasser begießen, bis das Gemüse halb mit Flüssigkeit bedeckt ist. Zugedeckt ca. 40 Minuten dünsten. Abgießen und möglichst heiß servieren.

Fernöstlicher Blumenkohl

Zutaten

- 1 Blumenkohl
- 2 Schalotten
- 2 Knoblauchzehen
- 1 Stück frische Ingwerwurzel
- 1 TL Sesamöl
- 2 TL Distelöl
- 1 TL Sesamsamen
- 1/2 grüne Pfefferschote
- 1 Prise Kümmelpulver
- 1 Prise Kurkuma
- 1 TL Currypulver
- 1 Prise Meersalz
- Saft von 1 Limone

Zubereitung

- Blumenkohl in kleinere Röschen teilen, sorgfältig waschen und abtropfen lassen. Schalotten, Knoblauchzehen und Ingwerwurzel schälen, fein würfeln. Beide Öle in einer Pfanne erhitzen. Schalotten, Knoblauch und Sesamsamen darin kurz anbraten.
- Pfefferschote waschen, entkernen und klein würfeln, mit dem Blumenkohl in die Pfanne geben. Mit Kümmelpulver, Kurkuma, Currypulver und Meersalz würzen. Vorsichtig umrühren.
- Zugedeckt ca. 10 Minuten dünsten, eventuell etwas Wasser zugeben. Fertiges Gemüse mit Limonensaft beträufeln.

Wirsinggemüse

Zutaten

- 500 g Wirsing
- Meersalz
- 2 dünne Scheiben Frühstücksspeck
- 1 EL Butter
- 2 EL Crème fraîche
- Pfeffer
- 1 Prise Muskatnuss
- 1 Prise Kurkuma
- 1 EL gehackte Petersilie
- 1 TL gerösteter Sesamsamen

Zubereitung

- Die äußeren Blätter des Wirsings und den Strunk entfernen. Wirsing vierteln und gründlich waschen. In Salzwasser blanchieren und abtropfen lassen. Wirsingblätter in dünne Streifen schneiden.
- Frühstücksspeck klein würfeln. Speckwürfel in Butter kurz braten. Wirsingstreifen dazugeben, etwas schmoren lassen. Crème fraîche einrühren. Mit Pfeffer, Muskatnuss und Kurkuma würzen.
- Alles vorsichtig vermengen und zugedeckt ca. 10 Minuten dünsten. Vor dem Servieren dekorativ mit Petersilie und Sesamsamen bestreuen.

Gefüllte Kohlrabi

Zutaten

- 2 mittelgroße Kohlrabi
- Salz
- 150 g Tomaten
- 1 Zwiebel
- 1 Knoblauchzehe
- 1/2 Bund gehackte Petersilie
- 2 EL Distelöl
- 1 TL Weizenvollkornmehl
- Pfeffer
- 1/8 l Gemüsebrühe
- 2 EL saure Sahne
- Saft von 1/2 Limone
- 1/2 Bund Schnittlauch

Zubereitung

- Kohlrabi schälen und in kochendem Salzwasser ca. 15 Minuten garen. Tomaten mit kochendem Wasser übergießen, kurz stehen lassen, dann häuten.
- Tomaten waschen, halbieren, Stielansätze herausschneiden, Kerne mit einem Löffel entfernen. Tomatenfleisch klein würfeln. Zwiebel und Knoblauchzehe schälen, fein würfeln.
- Petersilie mit Tomatenwürfeln, Zwiebel und Knoblauchzehe mischen.
- Kohlrabi aus dem Kochwasser herausnehmen, jeweils einen Deckel abschneiden und das Gemüse aushöhlen. Deckel und ausgehöhltes Fruchtfleisch klein schneiden und mit den gewürzten Tomaten vermischen.
- 1 EL Distelöl in einer Pfanne erhitzen und Tomaten-Kohlrabi-Mischung darin ca. 5 Minuten dünsten.
- Mit Mehl, Pfeffer und Meersalz abschmecken und in die ausgehöhlten Kohlrabi füllen.
- Eine feuerfeste Form mit restlichem Distelöl einfetten. Kohlrabi hineinstellen. Gemüsebrühe, saure Sahne und Limonensaft zu einer Sauce vermischen und die Hälfte davon über die Kohlrabi gießen.
- Im vorgeheizten Ofen bei mittlerer Hitze ca. 20 Minuten garen. Kurz vor Ende der Garzeit die restliche Brühe auf die Kohlrabi gießen.
- Schnittlauch abspülen, trockenschütteln, in Röllchen schneiden und vor dem Servieren auf das Gericht streuen.

Gefüllte Paprikaschoten

Zutaten

- 2 rote Paprikaschoten
- 150 g Kirschtomaten
- 1 Knoblauchzehe
- 1 Schalotte
- 1 EL Balsamico-Essig
- 1 EL kaltgepresstes Olivenöl
- Meersalz
- Pfeffer
- 100 g Schafskäse
- 2 EL gehackte Basilikumblätter

Zubereitung

- Paprikaschoten vierteln, putzen, waschen. Auf ein mit Backpapier belegtes Backblech legen und im vorgeheizten Backofen bei 200 Grad ca. 25 Minuten garen lassen.
- Dann herausnehmen und auskühlen lassen. Tomaten mit kochendem Wasser übergießen, kurz stehen lassen, häuten und halbieren, Stielansätze herausschneiden, Kerne mit einem Löffel entfernen.
- Tomatenfleisch klein würfeln. Knoblauch und Schalotte fein hacken. Balsamico-Essig, Olivenöl, Knoblauch, Meersalz und Pfeffer verrühren. Über die Tomaten geben, alles gut vermischen und damit die Paprikaviertel füllen. Schafskäse in kleine Würfel schneiden und auf den Paprikaschoten gleichmäßig verteilen.
- Mit Basilikum bestreuen. Dazu passen Wildreis oder in Knoblauchbutter geschwenkte Kartoffeln.

Gedünsteter Chicorée

Zutaten

- 4 Chicorée-Stauden
- 8 TL Butter
- 4 TL Gemüsebrühe
- 10 EL Semmelbrösel

Zubereitung

- Chicorée waschen, vom bitteren Kern befreien und in Streifen schneiden. Anschließend in der Brühe 3 bis 4 Minuten dünsten.
- Inzwischen die Butter in einer Pfanne zerlaufen lassen, die Semmelbrösel rösten und über das Gemüse streuen.

Herbstsalat

Zutaten

- 200 g kleine Champignons
- Saft von 1 Zitrone
- 150 g Tomaten
- 100 g Feldsalat
- 1/2 Kopfsalat
- 200 g Hähnchenbrustfilet
- 4 EL Olivenöl
- Meersalz, Pfeffer
- 1 Knoblauchzehe
- 1 kleine Zwiebel
- 4 EL Balsamico-Essig
- 1/2 TL Zucker
- 1/2 Bund gehackte Petersilie

Zubereitung

- Pilze trocken putzen, vierteln und mit Zitronensaft beträufeln. Tomaten waschen, Stielansatz entfernen, halbieren, entkernen und in Spalten schneiden. Salate putzen, waschen, in Stücke zupfen. Gut abtropfen lassen und mit den Pilzen und Tomaten auf 2 Teller verteilen.
- Fleisch in dünne Scheiben schneiden, in 2 EL erhitztem Olivenöl ca. 4 Minuten braten, salzen und pfeffern. Abkühlen lassen und auf die Salate geben.
- Knoblauchzehe und Zwiebel schälen, klein würfeln und mit restlichem Olivenöl, Balsamico-Essig und Zucker verrühren. Über den Salat gießen.
- Vor dem Servieren mit Petersilie bestreuen.

Möhrensalat

Zutaten

- 400 g Möhren
- Saft von 1 Zitrone
- 100 g Magerjogurt
- einige Spritzer Sojasauce
- 1 EL kaltgepresstes Olivenöl
- Meersalz
- Pfeffer
- 1 EL gehackte Korianderblättchen

Zubereitung

- Möhren waschen, putzen, raspeln und mit Zitronensaft beträufeln.
- Jogurt, Sojasauce und Olivenöl gut vermischen, mit Meersalz und Pfeffer würzen und mit den Möhren vermengen.
- Zugedeckt ca. 10 Minuten ziehen lassen. Vor dem Servieren mit Koriander bestreuen.

Thaisalat

Zutaten

- 150 g Rinderfilet
- 4 EL Sojasauce
- schwarzer Pfeffer
- 60 g Glasnudeln
- 1 TL Sesamöl
- 2 Möhren
- 1 TL gerösteter Sesamsamen
- 1/2 Bund Koriander
- Saft von 1/2 Limette
- 3 EL Gemüsebrühe
- Tabasco
- 4 Zitronenblätter

Zubereitung

- Rinderfilet in schmale Streifen schneiden und in die Sojasauce legen. Mit Pfeffer würzen. Zugedeckt ca. 1 Stunde marinieren. Glasnudeln kurz in kochendes Wasser geben und abgießen. Fleisch aus der Marinade nehmen.
- Fleisch in Öl ca. 3 Minuten anbraten. Möhren schälen, waschen und in dünne Stifte schneiden. Mit Sesamsamen, gehacktem Koriander und Glasnudeln in die Pfanne geben. Alles gut vermischen.
- Limettensaft, Gemüsebrühe und Tabasco zu einer Salatsauce vermischen. Pfanneninhalt in eine Salatschüssel geben, Sauce darüber gießen und mit Zitronenblättern dekorieren.

Spargelsalat

Zutaten

- 400 g weißer Spargel
- Meersalz
- 1 TL Butter, 1 Ei
- 2 EL Balsamico-Essig
- 2 EL Kräuteröl
- 1 EL Crème fraîche
- Pfeffer
- 4 Scheiben roher Schinken
- einige Blätter gewaschener Feldsalat

Zubereitung

- Spargel waschen und schälen. In Salzwasser zusammen mit der Butter ca. 20 Minuten garen.
- 1 Ei hart kochen, pellen, fein würfeln. Klein gehacktes Ei mit Balsamico-Essig, Kräuteröl und Crème fraîche gut verrühren. Mit Meersalz und Pfeffer würzen.
- Schinkenscheiben zu Röllchen drehen, auf einem Teller anrichten.
- Spargel dazugeben. Zum Schluss das Ganze mit Marinade beträufeln und mit Feldsalat dekorieren.

Matjessalat

Zutaten

- 2 Matjesfilets (je ca. 80 g)
- 1 kleiner süßlicher Apfel
- 2 Schalotten
- 2 Gewürzgurken
- 2 Tomaten
- 2 EL gehackter Dill
- 2 EL Sauerrahm
- Saft von 1 Limone
- Meersalz, weißer Pfeffer aus der Mühle
- 1 Prise Kreuzkümmel
- 1 EL gehackte Brunnenkresse

Zubereitung

- Matjesfilets in dünne Streifen schneiden. Apfel waschen, halbieren, Kerngehäuse entfernen und in kleine Würfel schneiden. Schalotten schälen, fein würfeln. Gewürzgurken klein hacken.
- Tomaten mit kochendem Wasser übergießen, kurz stehen lassen, dann häuten. Tomaten halbieren, Stielansätze herausschneiden, Kerne entfernen. Tomatenfleisch klein würfeln.
- Alle Zutaten in eine Schüssel geben. Dill, saure Sahne und Limonensaft zu einer Marinade rühren, mit Meersalz, Pfeffer und Kreuzkümmel würzen, über den Salat geben. Mit Brunnenkresse dekorieren.

Bunter Rettichsalat

Zutaten

- 1/2 Rettich
- 150 g Möhren
- 1/2 Apfel
- 150 g blaue Weintrauben
- 1/2 Eisbergsalat
- 2 EL Olivenöl
- 1 EL Sesamsamen
- 2 EL Magerjogurt
- Saft von 1/2 Zitrone
- Meersalz ❖ Pfeffer
- 1 EL gehackte Brunnenkresse

Zubereitung

- Rettich und Möhren schälen, waschen und grob raspeln. Apfel waschen, Kerngehäuse entfernen, in kleine Würfel schneiden. Weintrauben waschen, halbieren, Kerne entfernen.
- Salat putzen, in mundgerechte Blätter teilen. 1 TL Olivenöl in einer Pfanne erhitzen, Sesamsamen darin kurz anbraten. Alles zusammen in eine Salatschüssel geben.
- Restliches Olivenöl, Magerjogurt, Zitronensaft, Meersalz und Pfeffer miteinander vermischen und mit dem Salat vermengen. Mit Brunnenkresse dekorieren.

Rot-grüner Salat

Zutaten

- 250 g Prinzessbohnen
- Meersalz, Pfeffer
- 2 Schalotten
- 1 Knoblauchzehe
- 2 EL Rotweinessig
- 4 EL Distelöl
- 1 Msp. scharfer Senf
- 2 Tomaten

Zubereitung

- Bohnen waschen, putzen und in Salzwasser ca. 15 Minuten bissfest garen. In Eiswasser abschrecken.
- Schalotten und Knoblauchzehe schälen und sehr fein würfeln. Bohnen gut abtropfen lassen, in eine Schüssel geben und mit Schalotten- und Knoblauchwürfeln bestreuen.
- Aus Rotweinessig, Distelöl und scharfem Senf eine Marinade mischen, salzen und pfeffern. Tomaten häuten, halbieren, Stielansätze herausschneiden, Kerne mit einem Löffel entfernen. Tomatenfleisch klein würfeln und in die Salatschüssel geben. Alles vorsichtig vermischen und zugedeckt ca. 15 Minuten ziehen lassen.

Avocadosalat

Zutaten

- 1 Avocado
- Saft von 1 Limone
- 2 Orangen
- 1 Grapefruit
- 1 kleiner gewaschener Radicchiosalat
- 2 EL saure Sahne
- 1 EL Sonnenblumenöl
- Pfeffer, Meersalz
- Sojasauce
- 2 EL Parmesan

Zubereitung

- Avocado schälen, halbieren, entkernen, das Fruchtfleisch in Spalten schneiden und mit Limonensaft beträufeln. Orangen und Grapefruit schälen, weiße Innenhaut entfernen. Fruchtfilets herausschneiden.
- Avocadospalten, Orangen- und Grapefruitfilets mit dem gewaschenen und in mundgerechte Stücke geteilten Radicchio dekorativ auf einem großen Teller anrichten.
- Saure Sahne, Sonnenblumenöl, Pfeffer, Meersalz und Sojasauce zu einer Marinade verrühren, über den Salat geben. Mit geriebenem Parmesan bestreuen.

Shrimpssalat

Zutaten

- 200 g grüne Bohnen
- Meersalz, 2 EL Walnussöl
- 1 EL Estragonessig
- Pfeffer
- je 1/2 gelbe und rote Paprikaschote
- 200 g küchenfertige Shrimps
- 1 TL gehackte Korianderblättchen

Zubereitung

- Bohnen waschen, Fäden entfernen, in Salzwasser ca. 15 Minuten bissfest garen. In Eiswasser abschrecken, abtropfen lassen und in eine Salatschüssel geben.
- Walnussöl und Estragonessig zu einer Marianade mischen, salzen und pfeffern. Über die Bohnen gießen. Zugedeckt ca. 10 Minuten ziehen lassen. Paprikaschoten putzen, waschen und in dünne Steifen schneiden, in die Salatschüssel geben.
- Shrimps unter fließendem Wasser abspülen, trockentupfen und ebenfalls in die Salatschüssel geben, würzen. Alles vorsichtig vermengen. Vor dem Servieren mit Korianderblättchen bestreuen.

Tomaten-Pilz-Salat

Zutaten

- 2 Tomaten
- 2 EL Rotweinessig
- Meersalz, Pfeffer
- 1 Prise Zucker
- 2 EL Olivenöl
- 1 EL gehackte Estragonblättchen
- 50 g Sojasprossen
- 200 g Egerlinge
- 1 TL gehackte Brunnenkresse

Zubereitung

- Tomaten häuten, halbieren, Stielansätze herausschneiden, Kerne mit einem Löffel entfernen. Tomatenfleisch klein würfeln.
- Aus Rotweinessig, Meersalz, Pfeffer, Zucker sowie Olivenöl eine Marinade rühren und mit den Tomatenwürfeln in einer Salatschüssel vermischen. Estragonblättchen und Sojasprossen über den Salat streuen.
- Egerlinge trockenputzen, in dünne Scheiben schneiden und vorsichtig in den Salat mischen. Vor dem Servieren mit Brunnenkresse bestreuen.

Entensalat

Zutaten

❖ 1 Entenbrust ❖ Meersalz ❖ Pfeffer ❖ 1 TL gehackter Thymian ❖ 2 EL Olivenöl ❖ 1/2 Kopf Lollo Rosso ❖ 1 Staude Chicorée ❖ 2 EL Balsamico-Essig ❖ 1 Msp. Dijonsenf ❖ 1 Prise Zucker ❖ 1 EL Kürbiskernöl ❖ 1 EL gehackte Petersilie

Zubereitung

- Entenbrust mit Meersalz, Pfeffer und Thymian würzen. Entenbrust in Olivenöl von beiden Seiten ca. 15 Minuten braten.
- Lollo Rosso und Chicorée unter fließendem Wasser abspülen, abtropfen lassen und in mundgerechte Stücke teilen. Salat auf zwei Tellern anrichten.
- Aus Balsamico-Essig, Dijonsenf, Zucker, Kürbiskernöl und Distelöl eine Marinade anrühren. Entenbrust aus der Pfanne nehmen, in dünne Scheiben schneiden und auf die Salate legen. Marinade gleichmäßig darüber geben und mit Petersilie bestreuen.

Steinpilzsalat

Zutaten

- 150 g frische Steinpilze
- Saft von 1 Limone
- 1 EL gehackte Petersilie
- 1 Knoblauchzehe
- 1 Eigelb
- 2 EL Olivenöl
- weißer Pfeffer
- 1 EL fein gehackte Brunnenkresse

Zubereitung

- Steinpilze sorgfältig putzen, kurz waschen, trockentupfen und in feine Scheiben schneiden.
- Sofort mit Limonensaft beträufeln.
- Steinpilze mit Petersilie und ganz fein gehacktem Knoblauch in einer Salatschüssel vermengen.
- Eigelb mit Olivenöl, 1 Prise Meersalz und Pfeffer zu einer Marinade anrühren. Die flüssige Marinade über die Steinpilze geben.
- Mit der gehackten Brunnenkresse dekorieren.

Champignonsalat mit Eiern

Zutaten

- 4 Eier
- 200 g Champignons
- 2 EL Distelöl
- 100 ml Sahne
- Saft von 1/2 Zitrone
- 1 TL Kräutersenf
- 1 Bund Schnittlauch
- 1 Bund Petersilie
- Salz, weißer Pfeffer
- Muskatnuss

Zubereitung

- Die Eier hart kochen, abkühlen lassen, schälen und in Scheiben schneiden. Die Champignons putzen und in feine Scheiben schneiden.
- Öl, Sahne, Zitronensaft und Senf zu einer cremigen Sauce verrühren. Schnittlauch und Petersilie waschen, trockentupfen und fein hacken. Die Kräuter unter die Sauce rühren. Die Sauce mit Salz, Pfeffer und Muskatnuss abschmecken.
- Eier und Champignons vorsichtig mischen und die Sauce darüber geben.

Tomatensalat mit Rucola

Zutaten

- 500 g Rucola
- 500 g reife Tomaten
- 5 EL kaltgepresstes Olivenöl
- 3 EL Balsamicoessig
- 1 TL Salz
- 1 Knoblauchzehe

Zubereitung

- Rucola putzen, harte Stiele entfernen, waschen und gut abtropfen lassen. Auf Salattellern verteilen.
- Die Tomaten waschen, Stielansätze entfernen und in Scheiben schneiden. Die Tomatenscheiben auf dem Rucola verteilen.
- Die Knoblauchzehe schälen und durch eine Knoblauchpresse drücken.
- Aus Öl, Essig, Salz und dem Knoblauch eine Sauce anrühren und auf den Salattellern verteilen.

Blattsalat mit Zucchini

Zutaten

- 100 g Blattspinat
- 250 g Zucchini
- 100 g Rucola
- 125 g Feldsalat
- 1 Kopf Romanasalat
- 6 EL Olivenöl
- 3 EL Balsamicoessig
- 1 Knoblauchzehe
- Salz, Pfeffer

Zubereitung

- Den Spinat verlesen, Stiele entfernen, gut waschen und in mundgerechte Stücke zerteilen. Zucchini in feine Scheiben schneiden.
- Rucola putzen, harte Stiele entfernen. Feldsalat gründlich putzen und waschen, den Romanasalat gut waschen und in mundgerechte Stücke zerteilen. Alle Salatsorten gut miteinander vermischen.
- Die Knoblauchzehe schälen und durch eine Knoblauchpresse drücken.
- Aus dem Öl, Essig und dem Knoblauch eine Sauce rühren und mit Salz und Pfeffer würzen.

Paprikasalat mit Käse

Zutaten

- 2 gelbe und 2 rote Paprikaschoten
- 1 Zwiebel
- 200 g Tomaten
- 200 g Emmentaler Käse
- 100 ml Sahne
- 1 EL Distelöl
- Saft von 1/2 Zitrone
- Salz

Zubereitung

- Paprika waschen, halbieren, das Kerngehäuse entfernen und Paprikaschoten in Streifen schneiden.
- Die Zwiebel schälen und in Ringe schneiden. Die Tomaten waschen, Stielansätze entfernen, Fruchtfleisch in Würfel schneiden. Den Käse ebenfalls in kleine Würfel schneiden und mit den anderen Zutaten mischen.
- Die Sahne mit dem Öl und dem Zitronensaft zu einer Sauce verrühren, mit Salz abschmecken und mit dem Gemüse sorgfältig vermengen.

Lauchsalat

Zutaten

- 350 g speckige Kartoffeln
- 1 Stange Lauch
- 2 EL gehackte Petersilie
- 2 EL Olivenöl
- 2 EL Weißweinessig
- Pfeffer, Salz
- einige Tropfen Trüffelöl

Zubereitung

- Kartoffeln in Salzwasser ca. 20 Minuten weich kochen. Lauchstange putzen, waschen, in größere Stücke schneiden. In Salzwasser ca. 5 Minuten bissfest garen, abtropfen lassen.
- Petersilie, Olivenöl, Weißweinessig, Meersalz und Pfeffer zu einer Marinade anrühren.
- Kartoffeln abgießen, schälen, in Scheiben schneiden und in eine Salatschüssel geben. Noch warm mit der Salatmarinade beträufeln, Lauch hinzufügen und zugedeckt ca. 10 Minuten ziehen lassen. Alles vermischen. Vor dem Servieren einige Tropfen Trüffelöl auf den Salat geben.

Bunte Salatplatte

Zutaten

- 1/2 Kopfsalat
- einige Blätter Radicchiosalat
- 1 Fleischtomate
- 1/4 gelbe Paprikaschote
- 1 Schalotte
- 1 Knoblauchzehe
- 3 Radieschen
- 2 EL Kräuteressig
- 2 EL Olivenöl
- 1 Msp. Dijonsenf
- Salz, Pfeffer
- 2 EL Rettichsprossen

Zubereitung

- Kopfsalat und Radicchiosalat putzen, in mundgerechte Stücke teilen, waschen und trockentupfen. Tomate waschen, Stielansatz herausschneiden und achteln. Paprikaschote waschen und in dünne Streifen schneiden. Schalotte und Knoblauchzehe schälen, fein würfeln. Radieschen putzen, waschen und in dünne Scheiben schneiden.
- Alle Salatzutaten nebeneinander auf einer großen Salatplatte anrichten.
- Aus Kräuteressig, Olivenöl, Dijonsenf, Salz und Pfeffer eine Marinade anrühren und über die Salate geben. Mit gewaschenen Rettichsprossen bestreuen.

Makrelensalat

Zutaten

- 1/2 grüner Salat
- 1 Radicchiosalat
- 2 Schalotten
- 1 Knoblauchzehe
- 200 g geräuchertes Makrelenfilet
- 100 g gekochter Wildreis
- 2 El Estragonessig
- 2 EL Knoblauchöl
- Meersalz, Pfeffer
- 1/2 Limone

Zubereitung

- Salate putzen, waschen, trockenschleudern und dann in mundgerechte Stücke teilen. Schalotte und Knoblauchzehe schälen, fein würfeln.
- Makrelenfilet in kleine Stücke teilen. Alle vorbereiteten Zutaten zusammen mit dem Wildreis in eine Salatschüssel geben.
- Aus Estragonessig, Knoblauchöl, Meersalz und Pfeffer eine Marinade anrühren, über den Salat geben.
- Limone in dünne Scheiben schneiden und den Salat damit dekorieren.

Griechischer Salat

Zutaten

❖ 1 kleine Dose weiße Bohnen (ca. 200 g) ❖ 1 Prise Cayennepfeffer ❖ 2 große Tomaten ❖ 1 Schalotte ❖ 1 Knoblauchzehe ❖ je 3 schwarze und grüne entkernte Oliven ❖ 100 g Schafskäse ❖ Meersalz ❖ Pfeffer ❖ 2 EL Knoblauchessig ❖ 2 EL Olivenöl ❖ 1 TL gehackte Oreganoblättchen

Zubereitung

- Bohnen abgießen, kurz abspülen, abtropfen lassen, in eine Salatschüssel geben und mit etwas Cayennepfeffer bestreuen.
- Tomaten häuten, waschen, halbieren, Stielansätze herausschneiden. Tomatenfleisch klein würfeln und in die Salatschüssel geben. Schalotte und Knoblauchzehe schälen. Oliven, Schafskäse, Schalotte und Zwiebel fein würfeln und in die Salatschüssel geben, vermischen.
- Aus Meersalz, Pfeffer, Knoblauchessig, Olivenöl und Oreganoblättchen eine Vinaigrette anrühren und über den Salat gießen.

Lachssalat

Zutaten

- 2 Scheiben Lachs (je ca. 150 g)
- Saft von 1 Limone
- 1 Schalotte
- 1/8 l trockener Weißwein
- 1 Lorbeerblatt
- 1/2 TL Pfefferkörner, Salz
- 200 g Löwenzahnblätter
- 80 g Parmesankäse
- 2 EL Sherryessig
- 1 TL Kürbiskernöl
- etwas Tabasco
- 1 EL Distelöl
- 1 TL gehackter Dill
- einige frische Korianderblättchen als Dekoration

Zubereitung

- Lachs unter fließendem Wasser abwaschen, trockentupfen, mit Limonensaft beträufeln und zugedeckt ca. 10 Minuten ziehen lassen.
- Schalotte schälen, vierteln und in einen Kochtopf geben. Weißwein, Lorbeerblatt, Pfefferkörner und etwas Salz dazugeben und aufkochen. Lachs in den Sud legen und bei schwacher Hitze 5 Minuten garen.
- Fisch herausnehmen, trockentupfen und abkühlen lassen. Löwenzahnblätter putzen, waschen, trockentupfen und auf einen großen Teller legen. Fisch in kleinere Stücke teilen und auf den Löwenzahn legen.
- Geriebenen Parmesankäse darüber streuen. Sherryessig, etwas Salz, Kürbiskernöl, Tabasco, Distelöl und Dill zu einer Marinade verrühren und über den Salat geben.

Gurkensalat

Zutaten

- 1/4 TL Salz
- 2 EL Apfelessig
- 5 EL Öl
- 1 Salatgurke
- 1 Bund Dill
- 1 Bund Schnittlauch
- frischer Basilikum
- 1 Zweig Estragon

Zubereitung

- Das Salz mit dem Essig und dem Öl gut zu einer dicklichen Sauce verrühren.
- Die Gurke waschen, abtrocknen und mit der Schale in die Sauce raspeln.
- Dill, Schnittlauch und Basilikum waschen, trockenschleudern, fein hacken und unter die Gurken heben.
- Estragon vom Zweig zupfen und über den Salat streuen.

Nudelsalat

Zutaten

- 150 g Vollkorn-nudeln
- 200 g Tomaten
- 1/4 Salatgurke
- 100 g Egerlinge
- 1 Schalotte
- 1 Knoblauchzehe
- 1/2 Mozzarella
- 2 TL gerösteter Sesamsamen
- 2 EL Magerjogurt
- 2 EL Kräuteressig
- 1 TL Kürbiskernöl
- 1 EL Olivenöl, frischer Pfeffer aus der Mühle
- 1/2 Bund Basilikum, Salz

Zubereitung

- Nudeln in Salzwasser bissfest kochen, abgießen, mit kaltem Wasser kurz abschrecken. Tomaten mit kochend heißem Wasser übergießen, kurz stehen lassen, dann häuten. Tomaten waschen, halbieren, Stielansätze und Kerne entfernen. Tomatenfleisch klein würfeln. Salatgurke waschen, halbieren, die Kerne mit einem kleinen Löffel herausschaben.
- Gurkenhälften in dünne Scheiben schneiden. Egerlinge trocken putzen und ebenfalls in dünne Scheiben schneiden. Schalotte und Knoblauchzehe schälen, fein würfeln.
- Mozzarella abtropfen lassen und in kleine Würfel schneiden. Alle vorbereiteten Zutaten in eine Salatschüssel geben und vorsichtig vermischen. Aus Sesamsamen, Magerjogurt, Kräuteressig, Kürbiskernöl und Olivenöl eine Marinade anrühren, salzen und pfeffern und über den Salat geben.
- Vor dem Servieren mit gewaschenen, gehackten Basilikumblättern bestreuen.

Kressesalat

Zutaten

- 100 g Gartenkresse
- 1 EL Öl
- 1/2 TL Kräutersalz
- 1 EL Zitronensaft
- Pfeffer

Zubereitung

- Die Kresse mit einer Küchenschere abschneiden. Öl, Salz und Zitronensaft auf die Kresse geben und vorsichtig mischen.
- Nach Geschmack mit frischem Pfeffer aus der Mühle würzen.

Bunter Salat mit Hähnchenbrust

Zutaten

- 250 g Staudensellerie
- 1 Möhre
- 1/8 l Gemüsebrühe
- 250 g Hähnchenbrustfilet
- 1 hart gekochtes Ei
- 1 Tomate
- je 3 grüne und schwarze entkernte Oliven
- 1 TL Kapern
- 1 EL gehackte Petersilie
- 2 EL Estragonessig
- 1 TL Kürbiskernöl
- 1 EL Distelöl
- Salz
- Pfeffer aus der Mühle
- 1 EL gehackte Brunnenkresse
- 1 TL gerösteter Sesamsamen

Zubereitung

- Staudensellerie putzen, waschen und in kurze Stücke schneiden. Möhre schälen, in dünne Scheiben schneiden. Gemüsebrühe in einem Kochtopf erhitzen, Gemüse und Hähnchenbrustfilet darin zugedeckt ca. 30 Minuten köcheln lassen. Vom Herd nehmen, erkalten lassen, dann abgießen.
- Das hart gekochte Ei schälen und fein hacken. Tomate waschen, halbieren, Stielansatz entfernen und in kleine Würfel schneiden. Grüne und schwarze Oliven fein hacken. Hühnchenbrustfilet in feine Streifen schneiden und mit Ei, Tomate und Oliven in eine Salatschüssel geben. Kapern und Petersilie gut untermischen.
- Aus Estragonessig, Kürbiskernöl, Distelöl und etwas Wasser mit einem Schneebesen eine Marinade mischen. Mit etwas Salz und Pfeffer würzen und über den Salat geben.
- Mit Brunnenkresse und geröstetem Sesamsamen bestreuen.

Tipp:

Für diesen bunten Salat eignen sich auch Zucchini, Blattsalate wie z. B. Kopf- oder Eichblattsalat und Gurken.

Orangen mit Baiser

Zutaten

- 2 unbehandelte Orangen
- 2 EL gehackte Mandeln
- 1 EL Kirschwasser
- 2 Eiweiß
- 25 g Puderzucker
- 3 frische Pfefferminzblättchen

Zubereitung

- Orangen halbieren, Fruchtfleisch herausnehmen. Die ausgehöhlten Orangenschalen beiseite legen. Fruchtfleisch klein schneiden, mit gehackten Mandeln und Kirschwasser vermischen, zugedeckt ca. 15 Minuten ziehen lassen, dann in die Orangenhälften füllen.
- Eiweiß fast steif schlagen, Puderzucker hinzufügen und sehr steif schlagen. Gleichmäßig über die Orangenhälften verteilen, diese auf ein Backblech setzen. Bei kleiner Hitze backen lassen, bis die Baisermasse leicht bräunt.
- Mit gewaschenen Pfefferminzblättchen dekorieren. Dazu kann man warme Waffeln oder einen süßen Magerquark reichen.

Arme Ritter

Zutaten

- 1/4 l Magermilch
- 1 Ei
- 1 Päckchen Vanillinzucker
- 4 Scheiben altbackenes Weißbrot
- 1 EL Butter
- 1 EL brauner Zucker
- 1/2 TL Zimt
- 1 EL Puderzucker
- einige Rosinen

Zubereitung

- Magermilch, Ei und Vanillinzucker verquirlen. Weißbrotscheiben nebeneinander in eine flache Kasserolle legen. Mit der Milch-Eier-Mischung übergießen.
- Butter in einer Pfanne erhitzen. Die Brotscheiben darin goldgelb ausbacken. Auf einen großen vorgewärmten Teller legen. Braunen Zucker, Zimt und Puderzucker vermischen und gleichmäßig über die Brotscheiben streuen.
- Mit Rosinen garnieren und möglichst warm servieren.

Obstsalat mit Dressing

Zutaten

- je 100 g weiße und blaue Trauben
- 1 Karambole
- 1 feste Birne
- 1 Spalte Honigmelone
- Saft von 1 Zitrone
- 1 Becher Magermilchjogurt
- 1/2 Päckchen Vanillinzucker
- 1 Prise Zimt

Zubereitung

- Trauben waschen, halbieren und eventuell entkernen. Karambole waschen, quer in Scheiben schneiden. Birne waschen, schälen, vierteln, entkernen und in Stücke teilen.
- Aus der Melone mit einem Kugelausstecher oder Teelöffel kleine Kugeln formen. Das Obst in einer Schüssel vorsichtig mit Zitronensaft vermischen. Auf zwei Tellern anrichten.
- Jogurt mit Vanillinzucker und Zimt verrühren, auf dem Obst verteilen.

Pfirsichkompott

Zutaten

- 350 g reife Pfirsiche
- 2 EL Holundersaft
- Saft von 1 großen Orange
- 1 TL Speisestärke
- 1 Päckchen Vanillinzucker
- 1 TL Cognac
- 2 EL süße Sahne
- 1 TL Puderzucker
- 1/2 TL Zimt
- 1/2 TL Mandelblättchen

Zubereitung

- Pfirsiche mit kochend heißem Wasser überbrühen, häuten, halbieren und die Kerne entfernen. Pfirsichhälften mit Holundersaft, ausgepresstem Orangensaft, Speisestärke, Vanillinzucker und Cognac in einem Topf kurz aufkochen.
- Zugedeckt bei kleiner Hitze ca. 3 Minuten garen. Süße Sahne mit Puderzucker steif schlagen. Pfirsichkompott auf zwei Dessertteller verteilen.
- Mit Sahnehäubchen dekorieren, Zimt und Mandelblättchen darüber streuen. Dazu passt ein Espresso oder ein italienischer Dessertwein.

Blinis

Zutaten

- 80 g Buchweizenmehl
- 1 EL brauner Zucker
- Salz
- abgeriebene Schale von 1/4 unbehandelten Limone
- 10 g frische Hefe
- 1/8 l lauwarme Magermilch
- 1 Eigelb
- 250 g Himbeeren
- 2 EL Rotwein
- 1 TL Honig
- 2 EL Butter
- 1 EL Puderzucker

Zubereitung

- Mehl, Zucker, etwas Salz und Limonenschale in eine Rührschüssel geben. In die Mitte des Mehls eine Mulde drücken. Hefe hineinbröckeln, etwas Milch dazugeben. Zugedeckt ca. 10 Minuten gehen lassen. Dann restliche Milch und Eigelb hinzugeben und alles gründlich verrühren. Zugedeckt ungefähr 20 Minuten gehen lassen.
- Himbeeren putzen, waschen und abtropfen lassen. Rotwein mit Honig verrühren, auf die Himbeeren geben und zugedeckt etwa 10 Minuten ziehen lassen.
- Etwas Butter in einer Pfanne erhitzen und aus dem Teig kleine Pfannkuchen backen. Auf einen vorgewärmten Teller geben, Himbeeren darauf legen und mit Puderzucker.

Quark mit Früchten

Zutaten

- 1 Ei
- 200 g Magerquark
- 1 EL brauner Zucker
- 1 Apfel, 1 Mango
- Saft von 1/2 Orange
- je 5 weiße und blaue Weintrauben
- 1 EL Pfefferminzblättchen, 1 EL Mandelsplitter

Zubereitung

- Ei trennen. Eigelb mit Magerquark und Zucker verrühren. Eiweiß steif schlagen und unter den Quark heben. Apfel waschen, halbieren, Kerngehäuse entfernen und in dünne Spalten schneiden.
- Mango schälen, in kleine Stücke schneiden, mit Orangensaft beträufeln. Apfel und Mango in den Quark rühren. Mit halbierten und entkernten Trauben dekorieren.
- Mit frischen Pfefferminzblättchen und Mandelsplittern bestreuen.

Zimtbirnen

Zutaten

- 25 g brauner Zucker
- 2 EL Paniermehl
- 2 reife Birnen
- 20 g Butter
- 1/8 l Sahne
- 1 Päckchen Vanillinzucker
- 1/2 TL Zimt
- 1 TL grob gehackte Walnüsse

Zubereitung

- Zucker mit Paniermehl in einer kleinen Schüssel vermischen. Birnen schälen, längs halbieren und Kerngehäuse entfernen. Birnenhälften im Paniermehl wenden und mit den Schnittflächen nach unten in eine leicht gefettete Auflaufform legen.
- Restliche Butter in einem kleinen Topf erwärmen und über die Birnen gießen. Im vorgeheizten Backofen bei 200 Grad ca. 15 Minuten backen. Sahne mit Vanillinzucker und Zimt steif schlagen und auf die Birnen geben.
- Mit Walnüssen bestreuen. Dieses Dessert ist besonders im Winter beliebt.

Haselnusscreme

Zutaten

- 1/8 l Magermilch
- 1/8 l frisch gepresster Saft von Blutorangen
- 2 EL brauner Zucker
- 1 Eigelb
- 1 EL Amaretto
- 2 Blatt weiße Gelatine
- 1 Eiweiß
- 2 EL süße Sahne
- 50 g fein gehackte Haselnüsse
- 1 TL Schokoraspeln

Zubereitung

- Magermilch mit Blutorangensaft und braunem Zucker langsam in einem Topf erhitzen. Vom Herd nehmen, Eigelb und Amaretto vorsichtig einrühren, so dass das Eigelb nicht gerinnt. Gelatineblätter in etwas kaltem Wasser einweichen, ausdrücken und in den Topf einrühren, bis sich die Gelatine völlig aufgelöst hat.
- Eiweiß und süße Sahne steif schlagen, in die Gelatinecreme einrühren. In Dessertschalen verteilen und ca. eine Stunde kühl stellen. Mit Haselnüssen und Schokoraspeln bestreuen.
- Das Ganze kann noch mit einem kleinen Sahnehäubchen verziert werden.

Gepfefferte Erdbeeren

Zutaten

- 400 g frische Erdbeeren
- 1 kleines Glas eingelegte grüne Pfefferkörner
- 1 TL Cognac
- 1 TL Puderzucker
- einige frische Pfefferminzblättchen

Zubereitung

- Erdbeeren waschen, vierteln und auf zwei Dessertteller verteilen. Pfefferkörner abtropfen lassen, in Cognac legen und zugedeckt ca. 15 Minuten ziehen lassen.
- Dann über die Erdbeeren verteilen. Mit Puderzucker bestreuen und mit frischen Pfefferminzblättchen verzieren.

Weiße Schokoladenmousse

Zutaten

- 4 Blatt weiße Gelatine
- 6 Eigelb
- 125 g Puderzucker
- 200 g weiße Schokolade
- 1 cl Rum
- 1/5 l Sahne
- 150 g Erdbeeren
- 1 EL Crème fraîche

Zubereitung

- Gelatine einweichen. Eigelb mit 90 g Puderzucker schaumig rühren, Schokolade mit Gelatine, 3 EL Wasser und Rum bei geringer Hitze schmelzen. Sahne bis auf einen Löffel steif schlagen. Schokoladenmasse in die Eigelbmasse rühren und die Sahne ebenfalls unterziehen. Mindestens 8 Stunden kalt stellen.
- Erdbeeren mit 2 EL Wasser und restlichem Puderzucker pürieren und als Fruchtspiegel auf Teller verteilen. Von der Schokoladenmousse mit zwei Esslöffeln Nocken abstechen und auf die Erdbeersauce setzen.
- Crème fraîche mit 1 EL Sahne vermischen und als Verzierung auf die Erdbeersauce tropfen lassen.